青少年科学工作室

优秀活动案例选编

任伟宏　主编

科学出版社

北　京

内 容 简 介

青少年是祖国的未来，民族的希望。青少年科学素质的提升事关国家科技创新能力与综合竞争力的提升。中国科学技术协会于2001年设立青少年科学工作室，以普及科学知识、倡导科学方法、传播科学思想、弘扬科学精神为主要特色。

本书汇集各级青少年科技教育工作机构的优秀活动案例，涵盖科学实验类、科技设计与制作类、科技小发明类和综合科学实践类多种类型，全方位深入挖掘活动主题，反映国内科技教育实践活动的新理念、新模式，为科技教育活动设计和开展提供范本，为基层科技教育工作者提高青少年科学教育活动的有效性、实效性、可操作性提供指导，为促进基层科技教育工作室的专业发展提供实践参考。

图书在版编目（CIP）数据

青少年科学工作室优秀活动案例选编/任伟宏主编.—北京：科学出版社，2023.7

ISBN 978-7-03-075826-2

Ⅰ.①青… Ⅱ.①任… Ⅲ.①科学技术–活动课程–教案（教育）–中小学 Ⅳ.①G633.932

中国版本图书馆CIP数据核字（2023）第108607号

责任编辑：孙力维 杨 凯/责任制作：周 密 魏 谨
责任印制：师艳茹/封面设计：张 凌

北京东方科龙图文有限公司 制作

科 学 出 版 社 出版
北京东黄城根北街16号
邮政编码：100717
http://www.sciencep.com

北京汇瑞嘉合文化发展有限公司 印刷
科学出版社发行各地新华书店经销

*

2023年7月第 一 版　　开本：787×1092 1/16
2023年7月第一次印刷　　印张：15
字数：290 000

定价：158.00元

（如有印装质量问题，我社负责调换）

编委会名单

主　　任　林利琴

主　　编　任伟宏

编写人员（排名不分先后）

前言

当今世界百年未有之大变局加速演进，新一轮科技革命和产业变革突飞猛进，科学技术和经济社会发展加速渗透融合，科技创新的重要性日益凸显，得到世界各国的高度重视。科技创新的关键在于拥有大批科技创新人才。21 世纪的国际竞争，关键是科学技术的竞争，归根结底是人才的竞争。青少年是祖国的未来，民族的希望。2020 年 9 月 11 日，习近平总书记在科学家座谈会上提出："好奇心是人的天性，对科学兴趣的引导和培养要从娃娃抓起，使他们更多了解科学知识，掌握科学方法，形成一大批具备科学家潜质的青少年群体。"青少年科学素质的提升事关国家科技创新能力与综合竞争力的提升。

《全民科学素质行动规划纲要（2021—2035 年）》明确指出："实施馆校合作行动，引导中小学充分利用科技馆、博物馆、科普教育基地等科普场所广泛开展各类学习实践活动。" 拓展校外青少年科技教育渠道，开展科技学习和实践活动，倡导未成年人爱科学、学科学、用科学的良好风气，提高未成年人的科学素质与创新能力，是当前乃至今后相当长一段时期我国科普场馆的重要任务之一。

青少年科学工作室是中国科学技术协会（简称中国科协）于 2001 年发起设立的，隶属于各级科协或由科协指导，设立在各级青少年科技活动中心、科技场馆、中小学校、社区的公益性课外校外科技教育活动场所，以普及科学知识、倡导科学方法、传播科学思想、弘扬科学精神为主要特色，有别于传统的以展示为主要功能的科普场馆，青少年科学工作室以"动手做""做中学"为主要活动形式，强调参与性、实践性、趣味性。经过二十多年的发展，青少年科学工作室已成为直接面向基层青少年开展校外科技教育活动的重要场所，在推动校内外科技教育融合、培养青少年实践能力和创新思维方面发挥了重要作用。

本书以"云上工作室"系列活动为契机，汇集了各级青少年科技教育机构、科技馆、少年宫、基层社区、中小学校、青少年科学工作室等青少年科技教育活动场所的优秀活动案例。深入挖掘活动主题、活动目标、活动对象、活动内容、活动重点和难点、活动资源包配置、活动时间安排、活动过程、可能出现的问题及解决预案、活动预期效果与呈现方式、活动评价等要素，全书做到力求反映国内科技教育实践活动的新理念、新模式，展示丰富的青少年科学教育活动案例，为包括青少年科学工作室在内的科技教育活动场馆活动设计和活动开展提供范本，为基层科技教育工作者提高青少年科学教育活动的有效性、实效性、可操作性提供指导，为促进基层科技教育工作室的专业发展提供实践参考。

本书的编写得到各省级科协青少年科技教育工作机构的支持和广大校内外科技教师的积极参与，在统稿定稿过程中得到了科学出版社编辑的精心指导，在此一并表示诚挚的感谢！此外，本书编写过程中，参考了许多著作和论文，在此向有关作者表示由衷的谢意！

由于作者水平有限，难免书中存在不足之处，请各位读者批评指正。

2022 年 10 月

目 录

第 5 章　综合科学实践类实践活动 ··············· 143

第 1 章

青少年科学工作室实践活动概述

青少年科学工作室实践活动形式

　　青少年科学工作室（以下简称"工作室"）是中国科协2001年发起设立的，隶属于各级科协或由科协指导，设立在各级青少年科技活动中心、科技场馆、中小学校、社区的公益性课外校外科技教育活动场所，以普及科学知识、倡导科学方法、传播科学思想、弘扬科学精神为主要特色，有别于传统的以展示为主要功能的科普场馆，工作室强调参与性、实践性、趣味性，主要包括以下活动类型。

● 科学实验

　　科学实验类实践活动突出科学学科特点，有利于帮助青少年巩固科学知识，提高实验设计与动手能力，训练科学方法，培养探索创新精神。主要包括探究性实验、趣味实验、生活实验、模拟实验等。

● 科技设计与制作

　　科技设计与制作类实践活动主要基于STEM（科学、技术、工程、数学）教育理念，组织青少年就地取材，开展丰富多彩的科技设计与制作活动。有利于提高青少年的设计能力、操作能力，提高STEM素养。主要包括标本、模型、产品、机器人设计与制作等。

● 科技小发明

　　科技小发明类实践活动是指青少年为满足一定生活或学习需要，在日常学习、生活中运用一定的科学知识或原理设计制造出能够解决特有问题的创新方案、工艺或作品。发明的成果或是提供前所未有的人工模型或作品，或是提供加工制作的新工艺、新方法。与"大发明"相比，科技小发明选择的范围比较窄，解决的问题较为简单，使用的材料比较容易找到，所需的经费也较少。科技小发明有利于培养青少年的批判性与创新思维。主要包括工艺创新、技术创新、方案创新等。

● 综合科学实践

　　综合科学实践类实践活动主要基于STSE（科学、技术、社会、环境）教育理念，联系社会、生活、生产等实际，开展综合科学实践活动。有利于拓展青少年的科学视野，培养青少年的创新精神，提升青少年解决实际问题的能力。主要包括科学调查、野外考察、家禽饲养、作物栽培等。

青少年科学工作室实践活动设计原则

● 目的性原则

一是要通过实践活动向青少年普及科学知识、倡导科学方法、传播科学思想、弘扬科学精神，切实推动青少年科学素质不断提高，充分发挥全国青少年科技教育活动场所的示范作用。二是为中小学科技课程（含小学科学，初中科学，初中和高中物理、化学、生物、地理、通用技术、信息技术等）、综合实践活动课程等校内科技教育工作提供支持与服务。

● 针对性原则

活动设计与开发应以教育部颁布的义务教育科学（理科）课程标准，以及中小学综合实践活动课程实施指南为依据，结合相关教材内容，根据学生的知识、能力水平设计丰富多彩的实践活动。

● 实践性原则

科学工作室要着力培养青少年的创新精神和实践能力，以"动手做""做中学"为主要活动形式，开展科学探究、科学考察（调查）体验、科技设计与制作、科技小发明、机器人创意设计等实践活动，强调青少年的参与性、实践性、趣味性。

● 因地制宜原则

科学工作室应充分发挥场地、设施和资源优势，积极与当地中小学校开展合作，与高等院校、科研院所、企业开展合作，共同开发设计高水平的具有可操作性的示范性的活动资源。

青少年科学工作室实践活动设计要求

● 思想性

主题清晰、思想明确，体现青少年自身的科学精神和创新意识。

● 科学性

方案设计合理，软硬件选择恰当，可扩展性强，程序思路清晰、算法简洁、结构严谨。

● 创新性

选题新颖，构思巧妙，设计独特，具有一定的原创性和创新性，无版权争议。

● 实用性

作品来源于社会生活中的具体问题或对现有设备（技术）的针对性改良，具有一定的实用性和可操作性。

● 逻辑性

语言表达清楚，层次结构清晰。

● 规范性

写作格式规范，图表清晰完整，数据准确，符合学术规范。

第 2 章

科学实验类
实践活动

案例1

旋转的银蛋

单县科技馆 鹿 帆

● **实验名称**

旋转的银蛋，如图2.1所示。

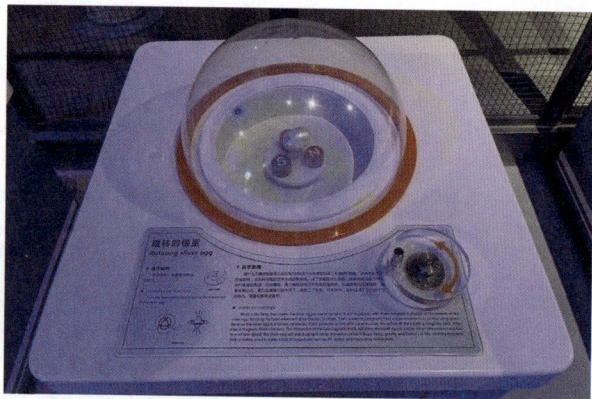

图2.1 旋转的银蛋

● **实验目的**

探究电磁感应原理。

● **实验原理**

磁生电是英国科学家法拉第发现的。闭合电路的一部分导体做切割磁力线运动时，在导体中产生电流的现象被称为电磁感应现象，产生的电流叫作感应电流，发电机便是依据此原理制成的。

而电生磁则是把一条直的金属导线接通电源，在金属导线内形成电流，从而使导线周围的空间形成圆形磁场。导线中流过的电流越大，产生的磁场越强。磁场呈圆形，围绕在导线周围，磁生电，电生磁，两者之间可以反复切换。

● **实验器材**

旋转的银蛋展项。

● **实验过程（操作步骤）**

根据展项操作手轮进行转动，如图2.2～图2.5所示。

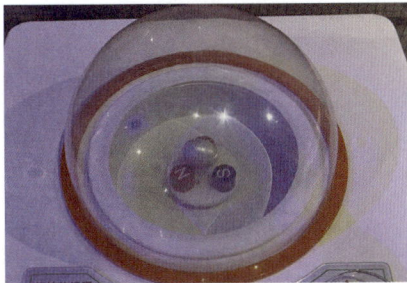
图2.2

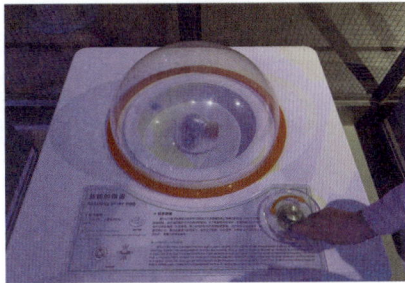
图2.3

图2.4

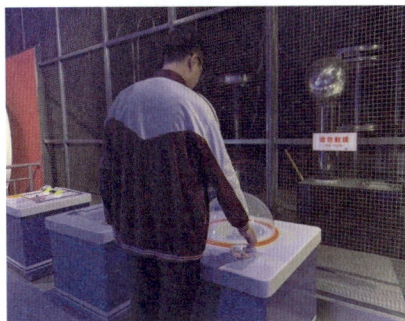
图2.5

● 实验结果与讨论

1. 是什么原因使静止的银蛋旋转并竖立起来?

在银蛋下方放置装有三块磁铁的圆盘,转动手轮带动圆盘旋转,在其周围空间生成旋转磁场。由于银蛋是闭合导体,在旋转磁场的作用下会产生感应电流,形成磁场,两个磁场相互作用带动银蛋旋转。银蛋质量分布不均匀,是偏心的。因此,当银蛋旋转到一定速度时,在离心力、重力以及摩擦力的作用下,银蛋便竖立起来。

2. 应 用

在生活中,旋转磁场广泛应用于交流电机、测量仪表等设备。

案例2　探寻肥皂的秘密

济宁市育才中学科技创新工作室　靳士利　韩娟娟

● **实验名称**

皂化反应。

● **实验目的**

掌握皂化反应的原理和步骤。

● **实验原理**

酯在酸性或碱性条件下可以发生水解，碱性条件下的水解是指酯和氢氧化钠混合液加热发生水解生成高级脂肪酸钠的过程，高级脂肪酸钠是肥皂的主要成分，因此，该反应也称为皂化反应，反应可表示为以下方程式：

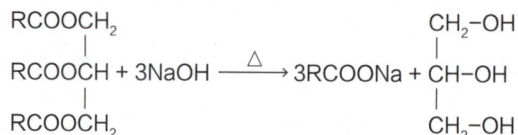

● **实验器材**

烧杯、量筒、玻璃棒、酒精灯、石棉网、三脚架、纱布、模具，以及植物油、95%乙醇溶液、40%氢氧化钠溶液、饱和食盐水。

● **实验过程（操作步骤）**

① 向烧杯中依次加入7mL植物油、7mL 95%乙醇溶液，用玻璃棒搅拌使液体混合均匀，如图2.6、图2.7所示。

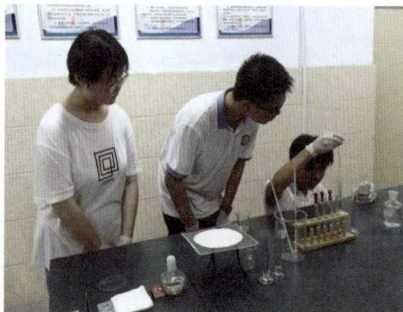

图2.6

图2.7

② 向混合液中加入15mL 40%氢氧化钠溶液，加热并不断搅拌，如图2.8所示。

③ 当混合液呈现为黏稠状液体时，停止加热和搅拌，如图2.9所示。

图2.8

图2.9

④ 向黏稠状液体中加入15mL饱和食盐水，液体逐渐分层，上层液体凝结成固体，如图2.10、图2.11所示。

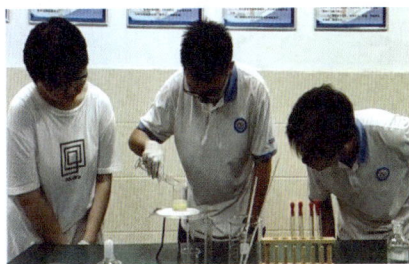
图2.10

图2.11

⑤ 用镊子将固体取出，用纱布沥干，放入模具中，压制成型，24小时后脱模，如图2.12所示。

● 实验结果与讨论

1. 实验结果

采用上述实验方法可以快速制备肥皂，实验操作具有良好的可重复性。

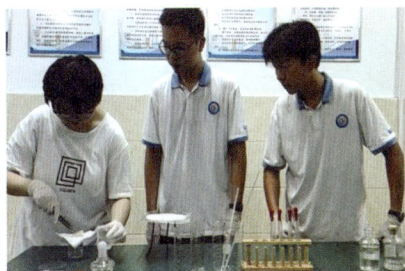
图2.12

2. 实验讨论

后续实验中能否用地沟油发生皂化反应制备肥皂，以达到变废为宝的目的。

参考文献

[1] 许可成. 基于STEAM理念的化学教学设计: 以"制作手工肥皂"为例. 知识文库, 2022.05(上): 163-165.

硬币撞撞乐

厦门市湖里区江村社区青少年科学工作室　王烨莹　郑素云

● **实验名称**

硬币撞撞乐。

● **实验目的**

学习、认识并运用动量守恒定律。

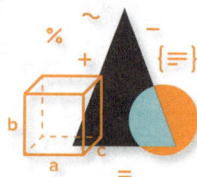

● **实验原理**

根据动量守恒定律，物体碰撞前后，其动能保持不变，因此，几枚硬币撞击时，同一排的另一端只会有等量硬币被弹出去。实验过程中，用一枚硬币撞击时，我们通常以为会像打保龄球一样其他所有硬币会一并被弹出去，但事实并非如此，在硬币排成一排的情况下，硬币之间的距离十分微小，动量会直接向前传递，因此，用一枚硬币撞击时，同排另一端仅最后一枚硬币会被弹出去。

● **实验器材**

一张硬卡纸，一根筷子，6枚大小相同的硬币（例如，6枚1角钱、6枚5角钱或者6枚1元钱的硬币，面值相同即可），一卷双面胶，如图2.13所示。

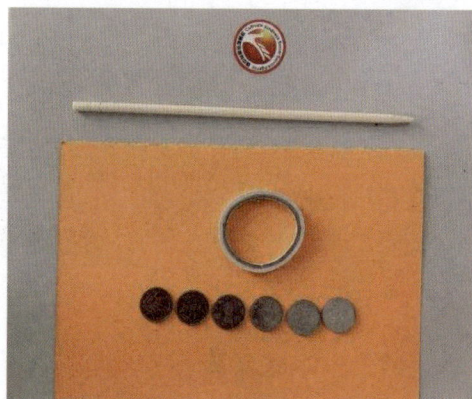

图2.13

● **实验过程（操作步骤）**

① 将卡纸折成刚好可以放下硬币的卡槽。

② 在卡槽底部粘上双面胶，将卡槽固定在桌子上。

③ 将6枚硬币全部放入卡槽中，紧挨排列。

④ 用1枚硬币从一端去撞击其他5枚硬币时，另一端会弹出多少枚硬币呢？用2枚硬币、3枚硬币分别去撞击，是不是都会弹出同等数量的硬币呢？这是为什么？

图2.14～图2.18展示了完整的实验过程。

图2.14

图2.15

图2.16

图2.17

图2.18

● **实验结果与讨论**

1. 实验结果

用多少枚硬币撞击，另一端就会弹出多少枚硬币，这就是动量守恒定律。

2. 实验讨论

① 实验结果和使用的硬币大小有关吗？

② 动量守恒定律在生活中还有哪些应用？

案例4

一钟双音

南京科技馆（南京市中小学科技创新中心）　尹笑笑　唐倩倩　王光华

● **实验名称**

一钟双音，如图2.19所示。

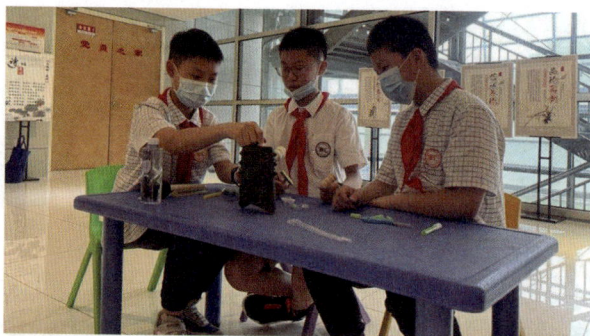

图2.19

● **实验目的**

探究编钟发声的原理，体会古人的智慧和创造才能。

● **实验原理**

大小不一的编钟可以敲出不同的音调，越小的钟，音调越高，发出的声音越尖锐；越大的钟，音调越低，发出的声音越浑厚。

编钟能够一钟双音的原因之一是特殊的形状，这种形状叫作合瓦形，敲击编钟不同位置，声波路径不一样，反射回来叠加的情况就有所不同，听起来音调也不同。

● **实验器材**

编钟、圆钟、粗吸管、泡沫条、剪刀。

● **实验过程（操作步骤）**

1. **探究实验：编钟为什么大小不一？**

用吸管发声，剪短吸管后再次发声，对比两次发声的特点，如图2.20、图2.21所示。

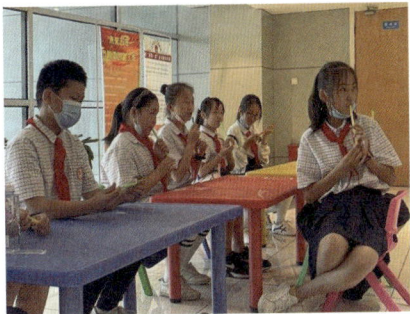

图2.20

图2.21

2. 探究实验：一钟双音

① 敲击圆形钟的不同位置，如图2.22所示。

② 敲击编钟的不同位置，如图2.23所示。

③ 观察编钟的特殊形状。

图2.22

图2.23

● 实验结果与讨论

1. 实验结果

① 用相同的力量吹吸管，当吸管较长时，吸管内空气振动的频率小，音调低，剪短吸管后，吸管内空气振动的频率大，音调高。

② 敲击圆形钟不同位置，音调一样。

③ 敲击编钟的正面和侧面（图2.24），会发出不同的音调，称为正鼓音和侧鼓音。

④ 编钟的形状叫作合瓦形。

图2.24

2. 实验讨论

① 除了合瓦形结构，编钟内外部的特殊构造对于"一钟双音"是否有影响？

② 感受编钟作为古代的一种打击乐器在历史文化、科学技术等方面取得的成就，体会古人的智慧和创造才能。

图2.25～图2.27展示了实验活动的精彩环节。

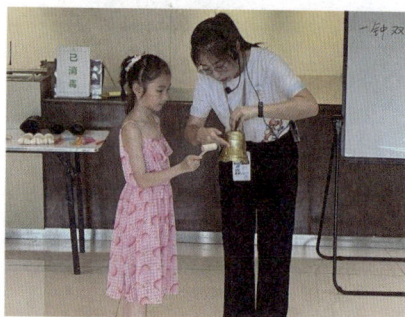
图2.25

图2.26

图2.27

参考文献

［1］张文娟. 解密编钟[J]. 中国科技教育. 2019, 12.

案例5

小厨房、大科学——当心！面粉也会爆炸

许昌市科学技术馆"科学实验室" 唐盼盼 徐玉培 胡朝丽

● **实验名称**

小厨房、大科学——当心！面粉也会爆炸。

● **实验目的**

探究面粉爆炸的影响因素。

● **实验原理**

面粉爆炸是指面粉颗粒遇明火发生爆炸的现象。在封闭空间内，面粉之所以会成为"炸药"，是因为面粉具有较大的表面积。与块状物质相比，面粉化学活动性强，接触空气面积大，吸附氧分子多，氧化放热过程快。条件适当时，其中某一粒面粉被火点燃，就会引发面粉爆炸。

● **实验器材**

点火器、面粉、托盘、卡纸、坩埚、酒精、10L水桶、鼓风机。

● **实验过程（操作步骤）**

1. 成堆面粉遇明火不会燃烧

① 在托盘内放入适量面粉。

② 打开点火器，将火焰靠近面粉，观察现象，如图2.28所示。

图2.28

2. 面粉颗粒遇明火轰燃

实验具有一定的危险性，小朋友请勿单独操作！

① 在坩埚里倒入适量的酒精。

② 用点火器点燃酒精。

③ 把面粉倒在卡纸上，移向火源。

④ 打开鼓风机，将卡纸上的面粉吹向火源，观察现象，如图2.29所示。

图2.29

3. 密闭空间内面粉遇明火发生爆炸

实验具有一定的危险性，小朋友请勿单独操作!

① 在水桶底部倒入适量面粉。

② 点燃坩埚里的酒精。

③ 打开鼓风机，对着水桶上的小孔，吹起面粉，观察现象，如图2.30～图2.32所示。

图2.30

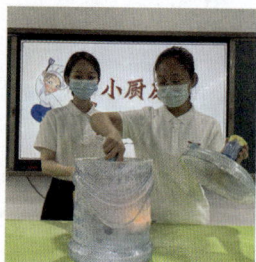

图2.31

图2.32

● 实验结果与讨论

1. 实验结果

① 成堆面粉遇明火，面粉不会燃烧。

② 非密闭空间内，面粉颗粒遇明火会使火焰变大。

③ 密闭空间内，当空气中的面粉颗粒达到一定浓度，遇明火会发生爆炸。

2. 实验讨论

① 除了面粉，粉尘类的其他物质在密闭空间内遇明火会发生爆炸吗?

② 影响面粉爆炸的因素还有哪些?

③ 请结合常识，列举生活中的安全用火小知识。

案例6　液体的热胀冷缩

河南省焦作市孟州市韩愈小学科创筑梦工作室
韩静娟　凡晓艳　范希建

● **实验名称**

　　液体的热胀冷缩。

● **实验目的**

　　探究液体热胀冷缩的性质。

● **实验原理**

　　液体具有热胀冷缩的性质。

● **实验器材**

　　带橡胶塞的烧瓶、2个烧杯、冷水、热水、玻璃管、高锰酸钾溶液。

● **实验过程（操作步骤）**

　　① 在烧瓶内倒入高锰酸钾溶液，插上瓶塞和玻璃管，观察液面位置，并做好记号。

　　② 向烧杯内倒入适量热水，将烧瓶放入烧杯内，可以明显看到玻璃管内液体的液面不断升高，做好记号。

　　③ 将烧瓶取出，放入冷水中，会发现玻璃管内液体的液面迅速下降，做好记号。

　　具体实验过程如图2.33～图2.37所示。

图2.33

图2.34

图2.35

图2.36

图2.37

● 实验结果与讨论

1. 实验结果

液体具有热胀冷缩的性质。

2. 讨　论

在烧瓶内装入醋、酱油、茶、牛奶、饮料等，用同样的实验方法，所得结果相同（图2.38～图2.40），通过实验探究可知，许多液体都具有热胀冷缩的性质。

图2.38

图2.39

图2.40

铁丝在氧气中燃烧实验的直观化改进

甘肃省阿克塞哈萨克族自治县中学科创室　向国忠　蔡怀昱

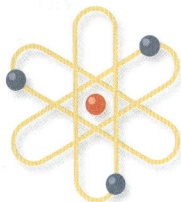

● **实验名称**

铁丝在氧气中燃烧实验的直观化改进。

● **实验目的**

探究铁丝在氧气中燃烧的直观化改进方法，进一步探究铁丝能否燃烧与氧气的浓度有关。

● **实验原理**

铁丝在空气中加热，持续红热不燃烧，是因为氧气浓度低。对小型医用吸氧器进行改装，连接橡胶软管和玻璃导管，按压吸氧器用导管对着红热的铁丝通氧气，增大氧气浓度，达到铁丝燃烧的条件。

● **实验器材**

酒精灯（可用蜡烛代替）、火柴、水槽（直径越大越好）、橡胶软管、玻璃导管、小型医用吸氧器、铁丝、砂纸。

● **实验过程（操作步骤）**

① 取下小型医用吸氧器的面罩，轻轻挤压中部②处（图2.41），将吸氧器的面罩从中间分开，将带有玻璃导管的橡胶软管接到面罩上部中间圆管上（图2.42、图2.43）。

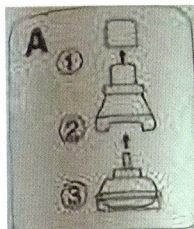

图2.41　面罩示意图　　　　图2.42　面罩圆管　　　　图2.43　圆管与橡胶软管相连

② 取一根细铁丝用砂纸打磨掉表面的铁锈。

③ 将酒精灯放入装有少量水的水槽中，点燃酒精灯。

④ 把细铁丝放在酒精灯火焰的外焰上加热（图2.44）。

⑤ 对准红热的铁丝通氧气（图2.45）。

图2.44 加热铁丝　　图2.45 通氧气

● 教材中"铁丝在氧气中燃烧实验"的评析

"铁丝在氧气中燃烧"是初中化学的经典实验之一，人教版《化学》（九年级上册）关于铁丝在氧气中燃烧的实验描述如下：把两根光亮的细铁丝分别盘成螺旋状，取一根在酒精灯上烧至红热，观察现象；另取一根，在下端系一根火柴，点燃火柴，待火柴快燃尽时，插入盛有氧气的集气瓶中（预先放入一些水），观察现象。首先，教材中的实验要求学生掌握好火候，故教参提醒"当火柴快燃尽时再把铁丝伸入集气瓶中，不能过早，以免消耗过多氧气。"如果时机掌握不好，实验效果往往不佳。其次，反应是在集气瓶中进行的，影响观察的效果。

● 实验结果与讨论

1. 实验结果

① 铁丝不用系火柴，不用绕成螺旋状，便可长时间燃烧。操作简单，成功率可达100%。

② 不通氧气时，铁丝在酒精灯火焰中持续红热，不燃烧；通入氧气后，铁丝剧烈燃烧，火星四射，实验现象对比明显。

③ 实验离开了集气瓶，更有利于观察。

2. 实验讨论

① 铁丝直径不宜过大，建议使用直径0.3mm左右的铁丝。

② 可用蜡烛代替酒精灯，实验现象相同，同时可以避免铁丝燃烧后的熔融物溅落到酒精灯上。

案例8

彩虹雨

克孜勒苏柯尔克孜自治州第一中学科技创新社　赛米·玉苏甫

● **实验名称**

彩虹雨。

● **实验目的**

初步探究神奇的彩虹雨产生的原因，了解其原理。

● **实验原理**

将混有色素的食用油倒入清水后，由于食用油的密度小于水的密度，食用油将包裹着色素浮在水面。静置一段时间后，由于色素密度最大，色素开始沉入水中，且与水相互溶解，于是形成了梦幻的彩虹雨。

彩虹，又称天弓（客家话）、天虹、绛等，简称虹，是气象学中的一种光学现象，当太阳光照射到半空中的水滴，光线被折射及反射，在天空形成拱形的七彩光谱，由外圈至内圈呈红、橙、黄、绿、蓝、靛、紫七种颜色。事实上彩虹有无数种颜色，比如，在红色和橙色之间还有许多种差别细微的颜色，为了简便起见，只用七种颜色作为区别。

● **实验器材**

食用色素、杯子、清水、食用油、搅拌棒。

● **实验过程（操作步骤）**

① 在杯子中倒入适量食用油，在食用油中滴入色素。

② 将食用色素和食用油用搅拌棒搅拌均匀。

③ 在另一个杯子中倒入清水。

④ 将食用油和食用色素的混合溶液倒入清水中，静置片刻，如图2.46、图2.47所示。

图2.46

图2.47

● 实验结果与讨论

不同颜色的食用色素加入食用油，混合均匀后倒入清水中，食用油的密度比水的密度小，因此，混合了食用色素的食用油会浮在水的上层。但是因为三者中食用色素密度最大，因此静置一会儿后，食用色素开始沉入水中且和水相互溶解，这就是杯中彩虹雨的产生原理，如图2.48所示。

图2.48

参考文献

［1］徐安然. 彩虹雨[J]. 快乐作文, 2021(Z5): 74-76.

案例9 神奇的花青素变色龙

南宁市科技馆青少年科学工作室　奉玉媛

● 实验名称

神奇的花青素变色龙。

● 实验目的

了解花青素是一种水溶性的植物色素，探究花青素在不同酸碱环境下的呈色效果。

● 实验原理

花青素是一种水溶性的植物色素，细胞液呈酸性则偏红，细胞液呈碱性则偏蓝。

● 实验器材

标签、滴管、烧杯、搅拌棒、纯净水、白醋、小苏打、雪碧、柠檬汁、白糖、食盐、洗衣粉、紫甘蓝、番茄、pH试纸、滤纸。

● 实验过程（操作步骤）

① 将紫甘蓝用水浸泡，获取紫甘蓝汁（图2.49）。

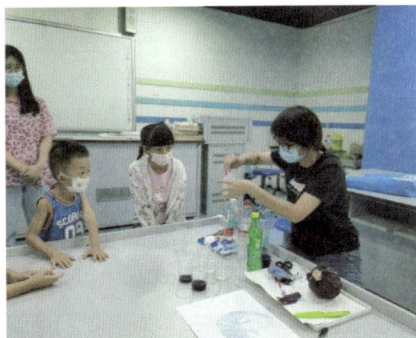

图2.49　准备实验材料

② 分装紫甘蓝汁，将不同液体（纯净水、白醋、小苏打的水溶液、雪碧、柠檬汁、白糖水、食盐水、洗衣粉的水溶液、番茄汁）分别滴入装有紫甘蓝汁的烧杯中，观察并记录紫甘蓝汁的颜色变化情况（图2.50、图2.51）。

图2.50 实验探究紫甘蓝汁的呈色效果

图2.51 紫甘蓝汁变得五彩缤纷

③ 用滴管吸取不同酸碱性的液体滴在浸泡了紫甘蓝汁的滤纸上，剪切、拼接、制作变色龙画片（图2.52）。

图2.52 制作变色龙画片

● **实验结果与讨论**

1. 实验结果

① 紫甘蓝中的花青素可溶入水中。

② 紫甘蓝汁会因滴入的液体酸碱性不同而改变颜色。

③ 液体呈酸性则紫甘蓝汁偏红，液体呈碱性则紫甘蓝汁偏蓝。

图2.53 总结讨论

2. 实验讨论（图2.53）

① 紫甘蓝中的花青素可溶入水中，是水溶性的植物色素。

② 如何根据紫甘蓝汁随溶液酸碱度变化而改变颜色的规律制作酸碱指示剂。

参考文献

［1］范志红. 会变色的果蔬？原来是纯天然的"魔法". 北京青年报, 2019.

［2］安提亚·赛安, 艾克·冯格. 101个神奇的实验: 101个植物的实验. 武汉：长江少年儿童出版社, 2014.

3岁小孩可以推动100kg的吊床吗？

绿春县高级中学趣味物理工作室　白礼华

● **实验名称**

3岁小孩可以推动100kg的吊床吗？

● **实验目的**

学会建立合适的物理模型，运用物理知识解决物理问题。

● **实验原理**

单摆在自然状态下处于最低点，其合力为零。给单摆施加一个力，哪怕非常微小的力，单摆所受合力不再为零。合力使摆球产生加速度，改变摆球的运动状态（牛顿第二定律）。单摆摆到最高点时，对摆球施力做功，使摆球的机械能增加，如此往复摆球就会越摆越高（能量守恒定律）。

● **实验器材**

吊床、大人、两个小孩。

● **实验过程（操作步骤）**

① 在两棵距离适中的树上系上吊床。

② 1个大人和1个小孩躺在吊床上（总质量约为100kg）。

③ 如图2.54所示，让另一个3岁小孩尝试推动吊床。

图2.54　小孩推吊床情景

实验结果与讨论

1. 实验结果

3岁小孩可以推动100kg的吊床。

2. 实验讨论

为了方便讨论，建立最简单的模型——单摆模型（图2.55）。

① 为什么3岁小孩可以推动摆球？

② 为什么3岁小孩不间断地推拉吊床，吊床会越摆越高？

③ 请根据这一情景自编一道题目。

④ 在两棵树上系上吊床和秋千。秋千要系在有树杈的树上，否则秋千的绳结容易下滑，而吊床则不需要系在树杈上，请实际体验并说明原因。

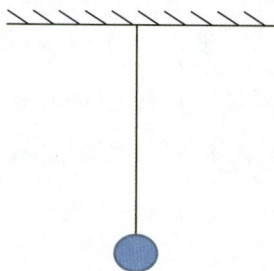

图2.55　单　摆

成果评价

本文是2022年度云南省教育科学规划项目"基于学习进阶的物理可视化实验体系的开发与利用研究"（项目批准号：BFJC22038）的阶段性研究成果之一。

巧用开源硬件，探讨光与颜色的变化

太和县第二小学科学工作室　王　新　随礼敏

● **实验名称**

巧用开源硬件，探讨光与颜色的变化。

● **实验目的**

通过光来感知颜色的变化，并了解智能护目灯的制作原理。

● **实验原理**

三原色原理：绝大多数单色光都可以用红、绿、蓝这3种光按不同的比例混合而成。

● **实验器材**

主控板、ScratchPi软件、光敏传感器、RGB全彩灯，如图2.56所示。

图2.56

● **实验过程（操作步骤）**

① 打开ScratchPi软件，通过主控板连接光敏传感器和RGB全彩灯。

② 在Scratch模式，依次输入R255、G0、B0（红色），R0、G255、B0（绿色）和R0、G0、B255（蓝色），认识三原色。

③ 在Scratch模式，依次改变RGB全彩灯中R、G、B的数值，同时观察RGB全彩灯颜色的变化（图2.57～图2.59）。

图2.57

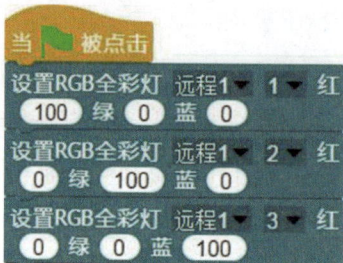

图2.58　　　　　　　　　　图2.59

④ 通过测试，了解白光、自然光和暖光等常见光的RGB数值（图2.60）。

	R	G	B	值		R	G	B	值		R	G	B	值
黑色	0	0	0	#000000	黄色	255	255	0	#FFFF00	浅灰蓝色	176	224	230	#B0E0E6
象牙黑	41	36	33	#292421	香蕉色	227	207	87	#E3CF57		65	105	225	#4169E1
灰色	192	192	192	#C0C0C0	镉黄	255	153	18	#FF9912		106	90	205	#6A5ACD
冷灰	128	138	135	#808A87	dougello	235	142	85	#EB8E55	天蓝	135	206	235	#87CEEB
石板灰	112	128	105	#708069	forum gold	255	227	132	#FFE384	青色	0	255	255	#00FFFF
暖灰色	128	128	105	#808069	金黄色	255	215	0	#FFD700					
					葵花色	218	165	105	#DAA569	绿土	56	94	15	#385E0F
白色	225	225	225	#FFFFFF	瓜色	227	168	105	#E3A869	瓶绿	0	46	84	#082E54
古董白	250	235	215	#FAEBD7	橙色	255	97	0	#FF6100	铬绿色	127	255	212	#7FFFD4
天蓝色	240	255	255	#F0FFFF	镉橙	255	97	3	#FF6103	青绿色	64	224	208	#40E0D0
白烟	245	245	245	#F5F5F5	胡萝卜色	237	145	33	#ED9121	绿色	0	255	0	#00FF00
白杏仁	255	235	205	#FFFFCD	橙黄	255	128	0	#FF8000	荧光绿	127	255	0	#7FFF00
comsilk	255	248	220	#FFF8DC	淡黄色	245	222	179	#F5DEB3	钴绿色	61	145	64	#3D9140

图2.60

⑤ 编写程序，当光敏传感器数值变化时，RGB全彩灯会随之出现相应的白光、自然光和暖光。

⑥ 了解智能护目灯的制作原理。

● **实验结果与讨论**

1. 实验结果

① 当R、G、B数值相同时，RGB全彩灯为白色。

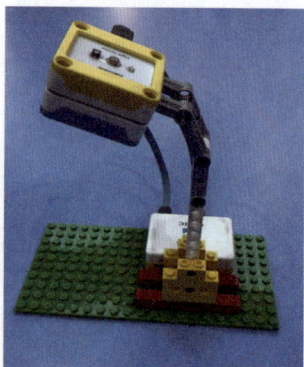

② 当R、G、B数值变化时，RGB全彩灯会出现不同的颜色。

③ 通过光敏传感器可以实现智能控制灯光的亮度（图2.61）。

2. 实验讨论

① 三原色能不能合成所有颜色？

② 选择哪些数值可以调试出不同场景下更适合眼睛的光线？

图2.61

案例12 探究纽扣旋转游戏的物理原理

柳州市第三中学青少年科技创新计算机社团工作室　黄亚涛

● **实验名称**

探究纽扣旋转游戏的物理原理。

● **实验目的**

探究纽扣旋转游戏的物理原理，启发探究科学的好奇心。

● **实验原理**

外在拉力转化成扣子的动能和绳子的弹性势能，二者相互转化，成为纽扣旋转的动能。

● **实验器材**

一颗纽扣、一根绳子。

● **实验过程（操作步骤）**

① 准备好一颗纽扣和一根绳子，如图2.62所示连接好。

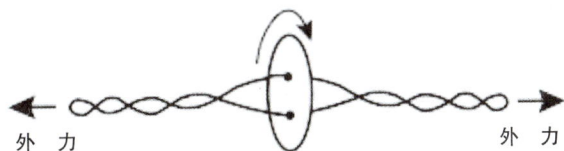

图2.62

② 甩动绳子，使绳子绕在一起，然后拉动绳子，纽扣开始旋转。

③ 注意观察，纽扣旋转到一定程度，放松绳子，纽扣会向相反的方向旋转，在相反方向旋转到一定程度后再次拉动绳子，纽扣又向原始方向旋转，这样往复循环，纽扣不停旋转。

④ 纽扣旋转游戏如图2.63所示。

图2.63

● 实验结果与讨论

1. 实验结果

① 通过外力甩动绳子，使绳子绕在一起，然后拉动绳子，这时缠绕的绳子具有弹性势能。绳子要想恢复初始状态，就会向开始甩动绳子的反方向转动，从而带动纽扣旋转，此时绳子的弹性势能转化为纽扣的动能。

② 当绳子恢复初始的未绕状态时，由于惯性，绳子将随着纽扣继续绕向另一个方向，此时纽扣的动能又转化为绳子的弹性势能。松一下绳子，然后再拉，纽扣就又朝另一个方向旋转，如此往复循环。

③ 纽扣旋转就是外力产生的绳子的弹性势能和纽扣的动能之间的相互转化。

④ 拉动绳子的外力不能太大，否则超过绳子能承受的弹性势能，绳子就会断。

2. 实验讨论

① 能否以苹果、柠檬、番茄、土豆、黄瓜等水果或蔬菜作为发电机，设计自动旋转纽扣？

② 纽扣旋转的快慢和纽扣本身有关吗？

③ 纽扣旋转游戏中的物理原理可以应用到生活中哪些地方？

案例13

气球拐水

"发现·创造"少年科学院　罗梦瑶

● **实验名称**

气球拐水。

● **实验目的**

感知摩擦生电现象，体验静电对物体的作用力。

● **实验原理**

把气球贴在头发（或毛衣等容易起静电的面料）上摩擦，气球表面会产生额外的负电荷。水柱带有中性电荷，当带有负电荷的气球靠近水柱时，中性电荷的水柱会集聚与气球所带电荷极性相反的电荷，异性电荷相互吸引，足够轻的小水柱会被气球"拐跑"。

● **实验器材**

水、空的玻璃杯、带孔的塑料杯、气球、吸管、干抹布，如图2.64所示。

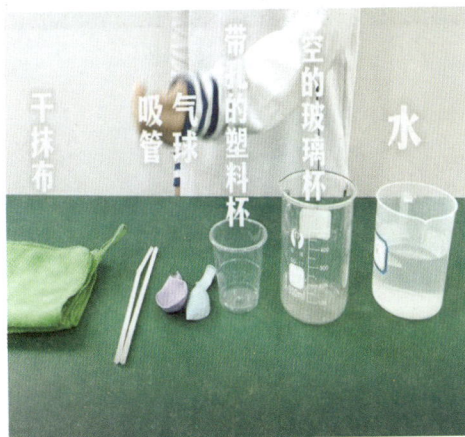

图2.64　实验器材

● **实验过程（操作步骤）**

将吹好的气球在头发上来回摩擦，用牙签在装有水的塑料杯底部戳一个孔，再将摩擦后的气球靠近水流，观察现象（图2.65）。

图2.65　实验过程

● 实验结果与讨论

1. 实验结果

将在头发上摩擦过的气球靠近水柱时，原本垂直下落的水流马上拐向气球方向（图2.66）。

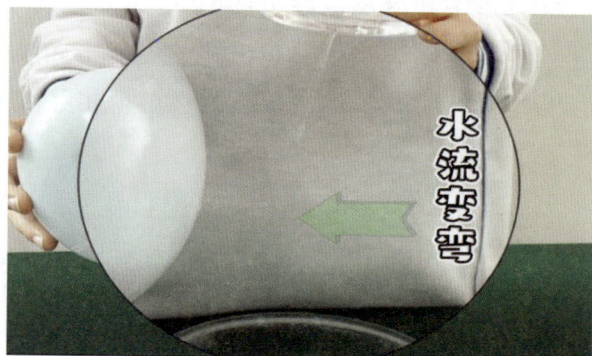

图2.66　实验结果

2. 实验讨论

静电的吸引力能维持多久？

神奇的净水实验

太仓科技馆　赵　凡　张思晖　陶恣妍

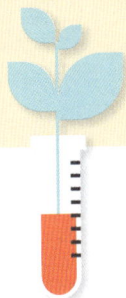

● 实验名称

神奇的净水实验。

● 实验目的

认识保护水资源的重要性。

● 实验原理

通过过滤不同地点、不同水质的河水，观察过滤前后水质的差别，从而认识保护水资源的重要性。

● 实验器材

河水样本、塑料瓶、绳子、过滤装置。

● 实验过程（操作步骤）

① 制作一个简易的取水容器（图2.67）。

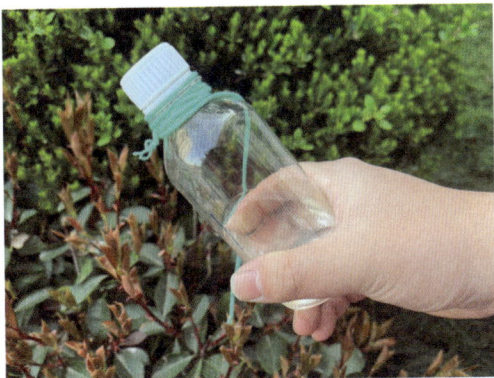

图2.67

② 在第一个取水点取河水样本（标记为1号），在第二个取水点再次取河水样本（标记为2号）。

③ 在过滤装置上分别标记1号和2号，将两份河水样本倒入两个过滤装置，对河水样本进行过滤（图2.68）。

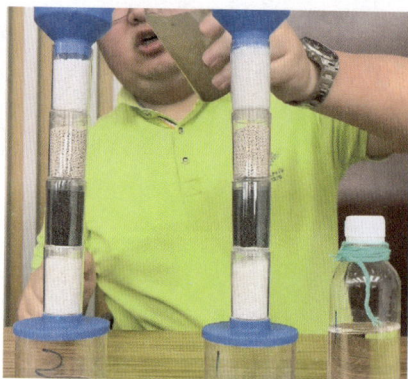

图2.68

④ 静置一段时间后观察过滤后的水质情况（图2.69）。

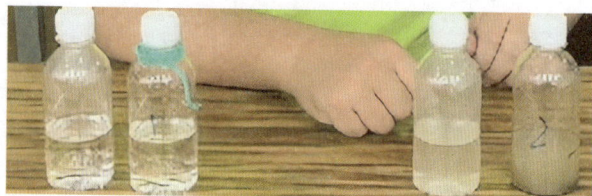

图2.69

● 实验结果与讨论

1. 实验结果

1号河水样本过滤前后水质差别不大，2号河水样本过滤前后水质差别明显，两份样本均未发现白色污染。

2. 实验讨论

地球上的水资源是有限的，本次实验取得的河水样本水质还不错，但是有很多地方的水资源受到了严重污染，我们应该尽自己的力量保护水资源。

会反转的箭头

日照市科技馆云上工作室　段夫珍　杨秀名

● **实验名称**

会反转的箭头。

● **实验目的**

探究凸透镜成像原理。

● **实验原理**

注水的水杯相当于凸透镜，把物体放在水杯后面（凸透镜的1倍焦距到2倍焦距之间），就会看到一个倒立的物体，改变物体与水杯之间的距离会看到不同的成像效果。

● **实验器材**

白纸、彩笔、烧杯、水，如图2.70所示。

图2.70

● **实验过程（操作步骤）**

①　用彩笔在白纸中间上下平行画两个向右的箭头，为了对比观察，可以用两种不同颜色画（图2.71）。

②　将带有箭头的白纸折叠，展开后立到桌面上（图2.72）。

③ 将烧杯放于箭头前（图2.73），缓缓注水，观察箭头变化（图2.74）。

④ 当水位高于下方箭头时，停止注水，观察箭头成像效果（图2.75）。

⑤ 前后、左右移动烧杯，观察烧杯与箭头距离不同时的成像效果（图2.76）。

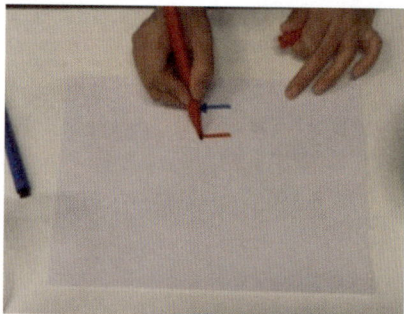

图2.71

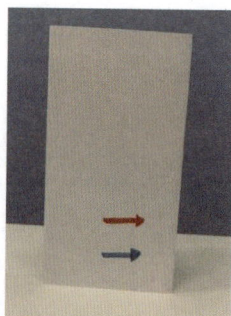

图2.72

图2.73

图2.74

图2.75

图2.76

● 实验结果与讨论

1. 加水的烧杯为什么会有凸透镜的成像效果？

由于杯子是圆柱形的，装了水以后，光线的路径是空气—玻璃—水—玻璃—空气，水的折射对光线起到了汇聚作用。

2. 凸透镜的成像原理

凸透镜主要对光线起汇聚作用，调整纸张和烧杯的距离，箭头成像可以是正立、倒立，虚像、实像，放大、等大、缩小。

3. 生活中有哪些物品利用了凸透镜的成像原理？

凸透镜的成像原理常用于照相机、放映机、投影机、放大镜、探照灯等。

案例16　错误中绽放的美丽——你见过紫色的洋葱表皮细胞吗？

富源县第三中学生物科学科普室　余宁卫

● 实验名称

错误中绽放的美丽——你见过紫色的洋葱表皮细胞吗？

● 实验目的

① 学习制作洋葱表皮细胞玻片标本（图2.77、图2.78）。

② 认识细胞的结构。

③ 鼓励学生在保证安全的前提下，多多尝试，进行创造性的生物实验。

图2.77

图2.78

● 实验器材

显微镜、洋葱、双面刀片、清水、滴管、吸水纸、载玻片、盖玻片、镊子、纱布、稀碘溶液等（图2.79）。

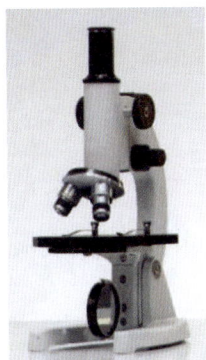
(a)显微镜

(b)清 水

(c)稀碘溶液

图2.79

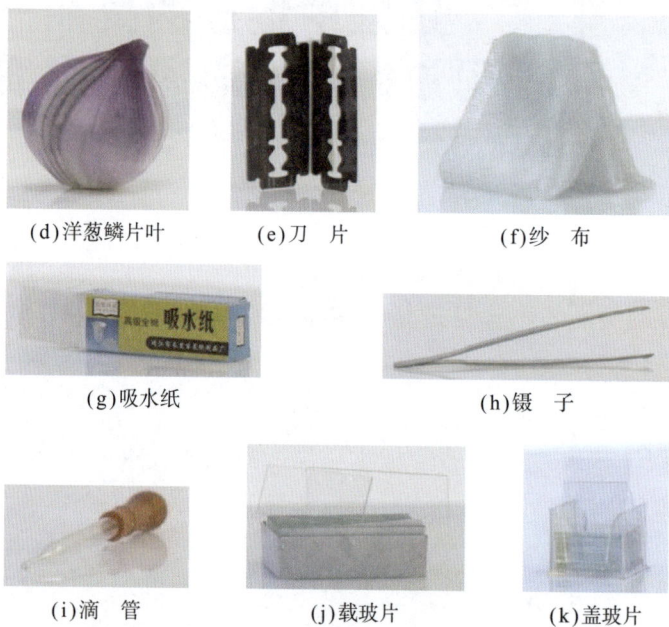

(d)洋葱鳞片叶　　(e)刀　片　　(f)纱　布

(g)吸水纸　　　　　　　　(h)镊　子

(i)滴　管　　　　(j)载玻片　　　　(k)盖玻片

续图2.79

● 实验过程（操作步骤）

1. 制作洋葱表皮玻片标本

1）准　备

① 擦：用洁净的纱布将载玻片和盖玻片擦拭干净（图2.80）。

② 滴：将载玻片放在实验台上，用滴管在载玻片的中央滴一滴清水（图2.81）。

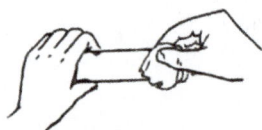

图2.80　擦

图2.81　滴

2）制作临时装片

① 撕：用镊子从洋葱鳞片叶外侧撕取一小块薄膜——外表皮（图2.82）。

② 展：把撕下的外表皮浸入载玻片上的水滴中，并用镊子将它展平（图2.83）。

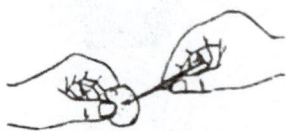

图2.82　撕

图2.83　展

③ 盖：用镊子夹起盖玻片，使它的一边先接触载玻片上的水滴，然后缓缓地放下，盖在要观察的洋葱外表皮上，这样能避免盖玻片下出现气泡（图2.84）。

图2.84 盖

3）染 色

① 染：把一滴碘液滴在盖玻片的一侧（图2.85）。

② 吸：用吸水纸从盖玻片的另一侧吸引，使碘液浸润全部标本（图2.86）。

图2.85 染

图2.86 吸

2. 观察临时装片

在低倍镜（目镜与低倍物镜的组合）下仔细观察制成的植物细胞临时装片（图2.87、图2.88、图2.89），好!下面就是见证奇迹的时刻了。

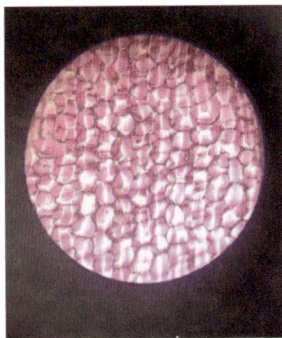

图2.87 撕得太厚，细胞重叠

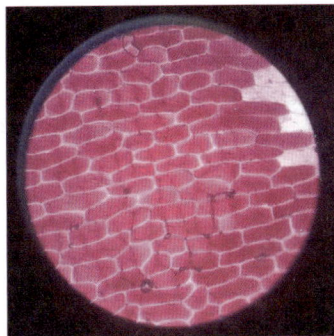

图2.88 标准的临时装片

图2.89 课本上的图片

3. 实验结束

回收实验器材，整理实验桌面。

● 实验结果与讨论

1. 实验结果

我们发现洋葱表皮是由一个个比较规则的多边形组成的，而且大多呈长方形，外为细胞壁，内为无色细胞质和细胞核。这些比较规则的多边形就是洋葱的细胞。

2. 实验讨论

① 在载玻片上滴一滴清水，不能滴生理盐水。否则会细胞失水，导致细胞皱缩，影响观察效果。

② 用双面刀片（使用时注意安全，不要划伤手）在洋葱鳞片叶外壁划一个"井"字，用镊子取下"井"字中心的洋葱外表皮放到载玻片的水滴中央，注意标本要平展开，避免细胞重叠，影响观察效果。

③ 将盖玻片倾斜盖到标本上，放盖玻片时，先放一端，再慢慢放下另一端，注意不要有气泡。若水分不足，可沿盖玻片边缘滴加；若水分过多，可用吸水纸吸掉多余水分。

④ 显微镜视野中细胞和气泡的主要区别：细胞具有一定的形态，气泡多为圆形且往往有粗而黑的边缘。细胞核中含有染色体，因此，在染色的细胞中可以看到细胞核，而气泡中没有。细胞具有一定的结构，细胞不是完全透明的，气泡则完全透明。

● 启示和创新

① 课本上要求用洋葱的内表皮做实验，可以尝试其他选择，也许会有意外之喜。

② 鼓励学生在保证安全的前提下，多多尝试，进行创造性的生物实验，争取长大以后成为创新型人才。

案例17

会吸水的杯子

青岛市城阳区青少年活动中心科学工作室　赵扬妮　田胜兵

● **实验名称**

会吸水的杯子。

● **实验介绍**

本实验内容主要针对初中学生，力求体现科学性、趣味性、实践性、多样性和可操作性，将生活中的科学现象设计成小实验。学生通过活动前的合作仪式、活动中的亲身体验、活动后的讨论交流，将从书本上获得的间接经验和探究活动中获得的直接经验有机地结合起来，从而实现"初步学习分析与解决问题的科学方法，提高分析与解决问题的能力，发展创新精神"的目标。

● **实验器材**

玻璃杯（比蜡烛高）、蜡烛、平底盘子、打火机、蓝色墨水、食盐、热水、冷水。

● **实验过程（操作步骤）**

①　点燃蜡烛，在盘子中央滴几滴蜡油，以便固定蜡烛。

②　在盘子中注入约1厘米高的水（滴入蓝色墨水）。

③　快速把玻璃杯罩在蜡烛上，蜡烛继续燃烧。

④　蜡烛熄灭，同时水很快被吸进杯子里。

⑤　观察水是不是基本都吸进去了呢?

⑥　分别用热水、冷水、食盐水进行实验，观察实验现象。

案例18　点亮LED灯

甘肃省临洮县椒山小学创客工坊工作室　牟忠华

● **实验名称**

点亮LED灯。

● **实验目的**

知道LED灯有正负极之分，能绘制简单的电路图，能够使用编程软件使Microbit主控板的引脚输出数字信号。能够利用鳄鱼夹线、主控板的正负极、LED灯组成简单电路，通过电路连接和编程使LED灯亮起来。

● **实验原理**

利用Microbit主控板编程点亮LED灯，通过鳄鱼夹线连接电路让LED灯亮起来，也可以通过对主控板引脚进行编程操作让LED灯亮。

● **实验器材**

卡纸、彩笔、Microbit主控板、LED灯、黑红鳄鱼夹线（图2.90），笔记本电脑（图2.91）。

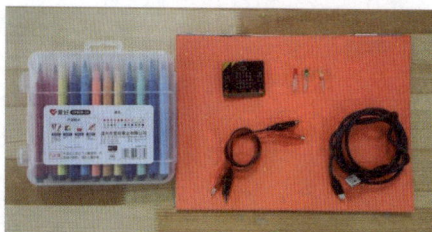

图2.90

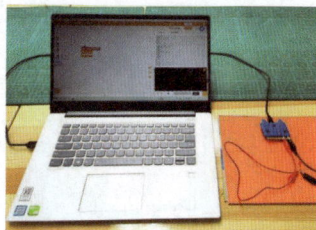

图2.91

● **实验过程（操作步骤）**

1. 科学探究活动

制作电路，点亮LED灯，尝试绘制简单的电路图（图2.92、图2.93）。

图2.92

图2.93

2. 展示和分享

学生按要求完成电路图，分享电路的工作原理和制作方法。

3. 教学拓展

介绍Microbit主控板的引脚，以及连接外部设备的接口。可以通过对引脚进行编程，控制外部设备。

① 教师介绍对Microbit主控板引脚进行编程并控制LED灯的方法（图2.94、图2.95）。

图2.94

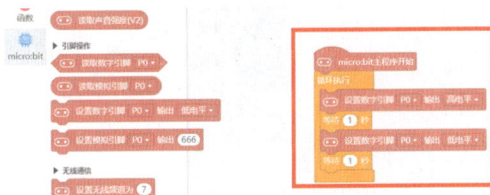

图2.95

② 测试通过后，自主设计LED灯的变化方式，编写程序实现你的想法（图2.96）。

图2.96

● 实验结果与讨论

1. 实验结果

所有同学可以自由地欣赏别人的作品，阅读别人的程序，并进行小组展示（图2.97）。

图2.97

2. 实验讨论

LED灯接在Microbit主控板p0、p1、p2或3V引脚上，有什么区别？

案例19 化腐朽为神奇——自来水除氯探究

安徽省凤阳县第二中学科技班 孙宝静 王光辉

● 实验名称

化腐朽为神奇——自来水除氯探究（图2.98）。

图2.98

● 实验目的

探究酵素对自来水中的余氯有无清除作用。

● 实验器材

50mL小烧杯4个、塑料滴管、余氯比色卡、标签纸、余氯检测试剂、环保酵素液、自来水。

● 实验过程（操作步骤）

① 在3张标签纸上写好1、2、3，将3张写有数字的标签纸和一张空白标签纸逐一贴在4个烧杯上，每个烧杯中加入20mL自来水，在4个烧杯中分别滴加5滴余氯检测试剂，小心晃动烧杯使其充分混合、反应，用余氯比色卡比色，记录4个烧杯中自来水的余氯值（图2.99、图2.100）。

图2.99

图2.100

② 用塑料滴管取环保酵素液，分别向装有含余氯水样编号为1、2、3的烧杯中滴加1滴、2滴、3滴环保酵素液，小心晃动烧杯以使其充分反应，用余氯比色卡比色，记录该检测条件下各烧杯滴加环保酵素液后的余氯值（图2.101～图2.104）。

图2.101

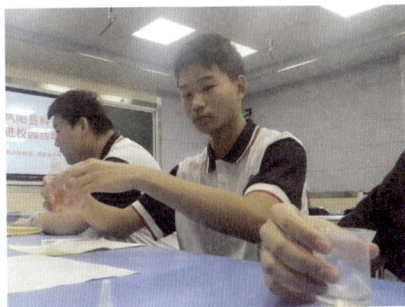

图2.102

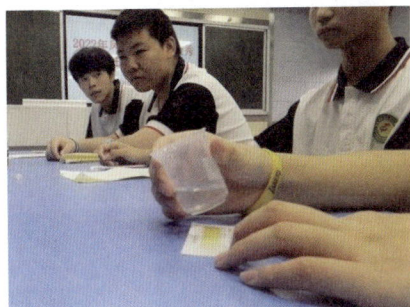

图2.103

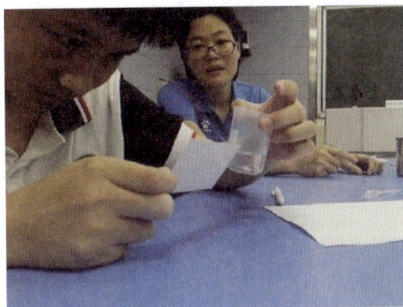

图2.104

③ 重复上述实验步骤①和②，记录数据并分析环保酵素液不同添加量对自来水中余氯清除效果的差异（图2.105、图2.106）。

图2.105

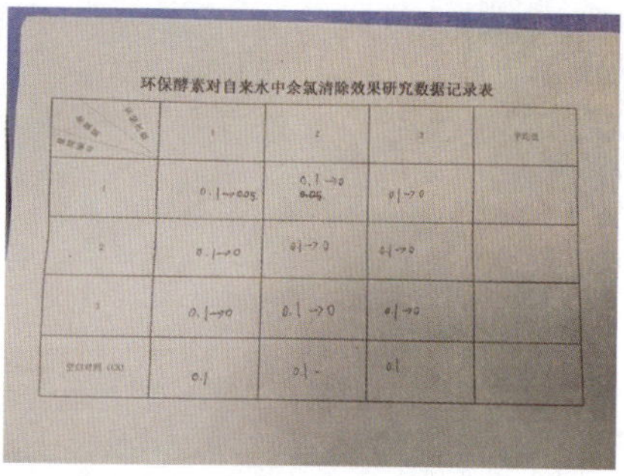

图2.106

● **实验结果与讨论**

　① 分析以上实验数据可以发现，环保酵素液能清除自来水中的余氯。

　② 凤阳县第二中学的自来水，20mL水中仅需滴加2滴环保酵素液即可完全清除余氯。

案例20

自制简易净水器

桂林市大河初级中学青少年科技活动室　李奕瑛

● 实验名称

自制简易净水器。

● 实验目的

探究过滤所需材料的选择依据，在探究过程中提升实践能力。

● 实验原理

小鹅卵石、细沙、棉花能过滤一些难溶性杂质，活性炭对色素有一定吸附作用。

● 实验器材

矿泉水瓶、洗净的沙子、小鹅卵石、棉花、活性炭、剪刀、手电钻。

● 实验过程（操作步骤）

① 准备一个矿泉水瓶，用剪刀从瓶身2/3处剪开。

② 在瓶盖上打几个小孔（图2.107）。

③ 把瓶口倒过来，依次放入棉花、活性炭、沙子、小鹅卵石（图2.108）。

④ 将倒置的瓶口放入瓶底，得到一个简易净水器（图2.109）。

⑤ 向图2.109所示装置中倒入一杯略带红色浑浊物的水，观察过滤效果。

⑥ 把图2.109所示装置中的活性炭去掉，重复步骤⑤，对比实验效果。

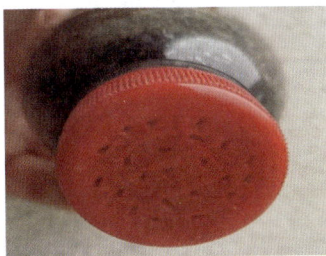

图2.107

图2.108

图2.109

● 实验结果与讨论

1. 实验结果

① 向图2.109所示装置中倒入一杯略带红色浑浊物的水，滤出的水呈无色澄清状态。

② 把图2.109所示装置中的活性炭去掉，重复步骤⑤，滤出的水澄清，但仍呈红色。

③ 通过对比实验发现，小鹅卵石、细沙、棉花能过滤一些难溶性杂质，活性炭对色素有一定的吸附作用（图2.110、图2.111）。

图2.110

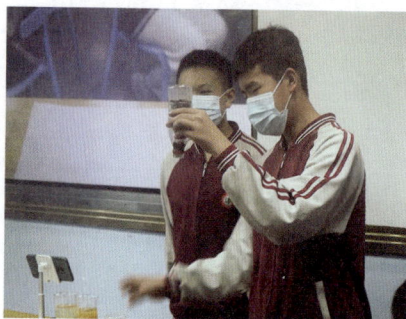

图2.111

2. 实验讨论

① 生活中的其他物品是否也具有类似小鹅卵石、细沙、棉花的过滤作用？

② 具有怎样性质及结构的物质过滤效果最好？

第 3 章

科技设计与制作类实践活动

"创意电吉他，玩转大神奇" 机器人设计与制作

黑龙江省集贤县二九一农场小学 朱 萍 徐 芳

● 项目名称

"创意电吉他，玩转大神奇"机器人设计与制作。

● 工具与材料

学生：自备机器人套装零件、笔记本电脑。

教师：中鸣教育机器人2108、机器人模型、机器人零件、教学演示用素材（视频、图片、PPT）。

● 课程目标

二九一农场小学结合中鸣教育机器人和图形化编程软件Scratch编写校本课程，用于本校的机器人实验室课程讲授。通过思考、设计、搭建、组装、编写程序，以及利用编写好的程序运行机器人，激发学生学习、观察、思考、探究、动手、合作等多方面的兴趣，开展科学启蒙教育，培养学生的综合能力，属于STEAM科技实践课程。具体目标分解见表3.1。

表3.1 课程目标

项目领域	课程目标
科学（Science）素养目标	① 学习使用超声波传感器测试距离的方法 ② 了解如何使用【重复执行直到】模块
技术（Technology）素养目标	① 熟悉超声波模块的使用方式 ② 掌握超声波传感器的基本用法
工程（Engineering）素养目标	① 团队协作，群策群力，从课程项目任务和设计需要出发，根据教学PPT，学会图形设计的基本方式 ② 积累经验，培养逻辑推理能力
艺术（Art）素养目标	熟练掌握方法后，进行创意改装电吉他，使其更美观
数学（Mathematics）素养目标	学会用数学的思维方式进行项目建模，用数据分析的方法对机器人设计进行数学分析，能够独立完成简单的程序设计，对机器人的运行规律及信息处理进行逻辑分析，具备进行更深层次流程分析的条件

● 操作步骤

1. 课程导入（3～5分钟）

① 超声波是什么？

超声波是一种频率高于20 000Hz的声波，如图3.1所示。

图3.1

② 超声波有什么用？

超声波可用于测距、测速、清洗、焊接、碎石、杀菌消毒等。在医学、军事、工业、农业等领域有很多应用（教师演示教学PPT）。

2. 教授新知（40～80分钟）

1）长度测量

先标记一个【系统值】，即屏幕显示传感器检测的原始值，用作对比（图3.2）。确定好长度单位后进行测量，如果现在测量的长度单位是厘米，那么把障碍物放置在传感器前方10cm处，得出的测量值除以10记录为n，在屏幕上显示测量结果。

2）学习【重复执行直到】模块（图3.3）

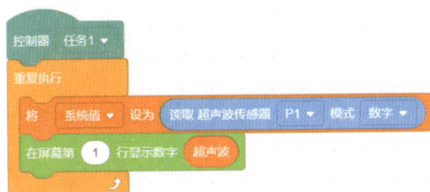

图3.2

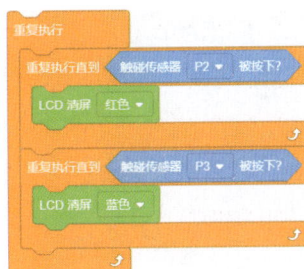

图3.3

① 学生团队完成实验单，提出问题。

② 观看指令视频，思考怎样设定循环指令。

③ 学生结合实验单采用【控制】–【重复执行直到】指令，重复执行是循环指令，【重复执行直到】可以设置一个条件，这个条件被满足时，中断/跳出循环。

④ 学生进行实践操作，熟练掌握【重复执行直到】模块，交流实验表格（图3.4）。

《电吉他》学习指令模块实验表格

	探究操作	出现情况	原因及解决方案
设定一	使用模块蜂鸣器打开，再关上会出现什么效果？	只能叫一下	原因：时间短 解决方案：加上"等待"
设定二	在蜂鸣器模块开关中间加上等待0.5秒，又会发生什么？	蜂鸣0.5秒后停止	重复粘贴模块
设定三	多复制粘贴几组这样的模块，放在一起，会怎样？	蜂鸣器一直叫，但重复几次会停止怎么做呢？	时间长度有限，让它一直重复
思考结论	很多重复的模块放一起，程序指令过长，有没有简单的模块能替代呢？		重复执行，直到什么条件才停止
探究评价	总结：通过循序渐进地思考，一步步尝试实验模块的使用，我们实际的操作中清晰的认识模块与模块之间的关系，并能运用到吉他的演示制作中，并让我们在编程中思路清晰，步骤明确，更有层次。		

图3.4

3. 搭建电吉他，创意改装造型

1）设计电吉他造型

通过教学演示PPT展示电吉他搭建图，学生根据要求找出组装机器人使用的基础元件。

2）合作探究，共同搭建电吉他

学生以小组为单位，边看教学演示PPT边搭建电吉他，教师强调组装要求如下：

① 结构稳固。

② 重心得当。

③ 外形美观。

3）安装传感器，创新酷炫造型

取出以下电子元件，按要求合理安装。

① RCU控制器×1。

② 超声波传感器×1。

③ 触碰传感器×2。

学生独立完成改装（图3.5~图3.7），教师建议学生发挥想象力，让电吉他更酷，让测试结果更准确。

改装提示：使用基础元件设计多姿多彩、形态各异的机器人，切忌雷同！

图3.5

图3.6

图3.7

4）完成评价量规表（图3.8）

核心问题1： 合作探究搭建电吉他，力求结构稳定。

核心问题2： 自主探究寻求创意改装。

图3.8

4. 编程调试

① 获取5cm、10cm、15cm的测量值。

② 按一下碰撞开关，灯亮，再按一下开关，灯灭，如此循环（图3.9）。

③ 按照电吉他已设定的挡位，亮起不同的灯，发出不同的声音。

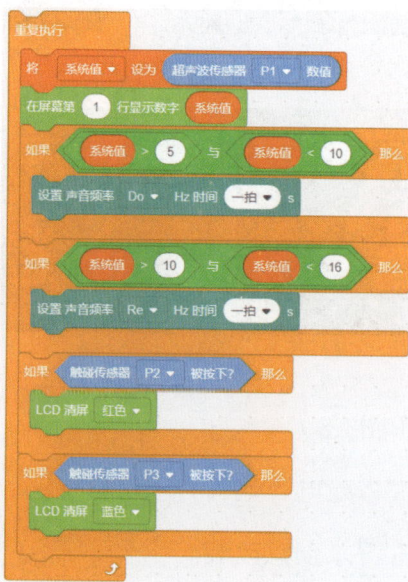

图3.9

5. 创意舞台，展示技术

1）多种信息手段获取资源

为自主设计的电吉他下载音乐或自制音效，并展示作品。

2）合作探究，下载资源

① 学生以小组为单位，在网络上搜索各种媒体资源并下载到主控器内。

② 小组展示力求多样化，如下载歌曲，或者自制录音祝福语，或者利用AI识别模块识别手势，播放音乐。

3）展示平台

学生对自己的作品进行讲解和展示（图3.10），介绍作品名称、灵感来源、想象创意、使用哪些程序模块编写指令，实验室成员相互点评，形成总结性评价。

核心问题： 展示多样技术手段，提升人文素养，力求创意表达。

图3.10

● **安全事项**

　　① 注意看管细小零件。

　　② 注意程序语言的准确性。

　　③ 禁止在机器人实验室里打闹。

● **成果评价**

　　本课程评价以作业评价法、活动评价法和网络评价法为主。课程期末综合评价包括个人自评、同伴互评、教师评分三方面（图3.11），取三者平均分。60分以上获得1个学分，80分以上为优秀等级。

评分项目	个人自评				同伴互评				教师评分			
	很好 (100%)	良好 (80%)	一般 (60%)	需努力 (40%)	很好 (100%)	良好 (80%)	一般 (60%)	需努力 (40%)	很好 (100%)	良好 (80%)	一般 (60%)	需努力 (40%)
课堂考勤 （10分）												
作业 （30分）												
历次活动 （30分）												
STEAM成果 （30分）												
总　分												
评价等级												

图3.11　课程综合评价

案例2 自动充气式橡皮艇

河北巨鹿中学科技创新工作室　李　涛

● 项目名称

自动充气式橡皮艇（图3.12）。

图3.12

● 项目简介

1. 原　理

折叠的橡皮膜内有电池，使用时通过离子交换膜排除扰乱反应的离子，电解海水产生氢气与氧气，两种气体分别充入两个气室，使橡皮艇膨胀从而达到载人载物的目的，通过气室内气压的变化自动关闭入水口，同时利用电源发射求救信号，便于救援队搜救。使用完毕后将两个气室的气体分别接入调节流速的装置，通入氢氧燃料电池，经稳压器调节后将能量再次传入电池内，减小船体体积。在船体上设置太阳能电池板，提高续航能力，便于多次使用。

2. 优　点

① 作为船上的自救措施，自动充气式橡皮艇体积小，相同情况下可以大量存放，发生海难时可以供给更多乘客使用。

② 质量小，未充气时体积小，使得船上有更多空间存放生存所必需的生活材料。

③ 驱动方式多样，易于划动，亦可使用电动式螺旋桨，长时间续航。

④ 可以安装折叠式可旋转太阳能电池板，海上无遮挡，可以随时自行调整方向，保证电池板始终正对太阳，充分利用太阳能，进一步增强续航能力。

⑤ 工作时产生氢气和氧气，经氢氧燃料电池利用后可获得饮用水，延长乘客存活时间，增大被救概率。

⑥ 遭遇海难时乘客可自行救援，操作简单，轻巧不费力，不需要经过专业培训，不使用专业设备。

● 项目解决方案

1. 主要组成部分

橡皮艇、锂离子电池组、氢氧燃料电池等。

2. 具体方案

橡皮艇内设锂离子电池组，平时折叠压缩，使用时打开进水阀门，将橡皮艇置于海水中，锂离子电池组工作，电解水生成氢气和氧气，给橡皮艇充气，达到载人载物的目的。

单刀双掷开关一端连接电源，另一端A侧接阳极石墨棒，B侧断路，开关近B侧为橡胶，形状与进水阀门开口相同，近A侧设U形片，减小冲击力。

橡皮艇分两层，上层气室充氢气，下层气室充氧气，在下层空间放置一个硬质L形筒，筒内有一个活塞，活塞接触的筒壁较光滑，可以提高活塞移动的灵敏度，但是不漏气，活塞内气压为较高气压，筒口接船内，氧气室压强逐渐增大，推动活塞运动，活塞接弹簧，弹簧另一头接一个"000"触头，触头移动时为避免漏气，触头塞进筒口的橡皮膜（有孔，但密闭）。氧气室气压大于筒内气压时，挤压活塞，使其移动，压缩弹簧，但在橡皮膜的阻碍下触头无法移动，压力足够大时，触头移动，冲出橡皮膜，撞击单刀双掷开关A侧的U形片，将单刀双掷开关接入另一触头B，关闭进水阀口，与此同时切断电路。

锂离子电池组由多个锂电池串联构成，覆盖一层防水膜（锂离子电池工作时不可接触水）以保障正常工作，电解水时电解池的阳极外表面包裹一层阳离子膜（防止其他离子进入扰乱反应，且生成的氢离子可进入溶液），阴极外表面包裹一层阴离子膜（防止其他离子进入扰乱反应，且生成的氢氧根离子可进入溶液）。在离子交换膜内设有一定空间，储存一定量的不会扰乱反应的盐类（例如硫酸钠等），以增强导电性，加速反应。

为保证安全性与充电时气体的纯净性，电解池阳极为石墨棒，单刀双掷开关接触电解池时工作，阴极为橡胶管，外部绝缘，内部为导线和石墨，保证产生的氢气进入另一个气室。

使用完毕后，可将船内的氢气、氧气阀门一同打开，接入氢氧燃料电池，氢氧燃料电池内接两个限流装置，使氢气、氧气气流稳定，利于发电，经稳压器变压后（氢氧燃料电池电压不稳定，稳定电压后方可充电）再连接锂离子电池，从而达到能量回收与再利用的目的。

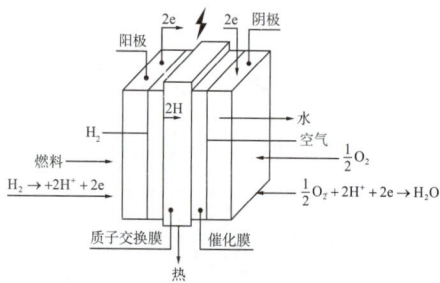

氢氧燃料电池工作时L形筒口气压减小，吸引活塞，使"000"触头收回，便于下次使用。

限流装置的中部有一个出气部分，内有刚性小球，靠近出气端，用弹簧等连接，使用时气体流速大、压力小，吸引小球，减小出气口面积，减小流量，达到负反馈调节的目的，利于氢氧燃料电池使用，氢氧燃料电池的原理如图3.13所示。

图3.13

● **项目海报（图3.14）**

图3.14

案例3 巧建高塔

安徽省芜湖市凤凰城小学梧桐科创工作室 严雪娇

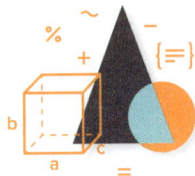

● 项目名称

巧建高塔。

● 工具与材料

一次性筷子、饮料瓶、废旧纸箱、热熔胶枪、胶带、橡皮筋、细沙。

● 操作步骤

① 教师首先明确高塔的标准要求，高塔底座不得小于50cm×50cm，分小组讨论建高塔活动的准备事项，学生需要考虑高塔的稳定性、高度及设计创意。

② 分小组绘制高塔设计图，标注材料和结构，并讨论设计图的合理性和可靠性，对设计图进行二次修改（图3.15～图3.17）。

图3.15

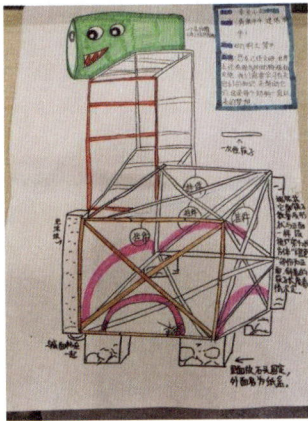

图3.16

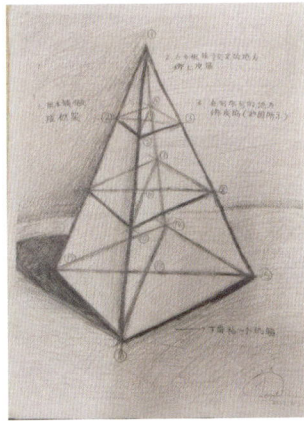

图3.17

③ 分小组根据修改后的设计图进行制作，完成作品。

● 安全事项

① 搭建过程中注意尖锐工具和胶枪的使用安全，不能对着自己和他人。

② 搭建过程中请勿站在椅子和桌子上。

③ 搭建过程中小组成员需合理分工，相互配合。

● 成果评价

1. 学生评价

小组代表汇报并展示作品，讲述作品设计理念，交流制作过程中遇到的困难和心得体会等（图3.18、图3.19）。

① 评价导向：比一比谁的塔最高，比一比谁的塔最稳固，比一比谁的塔最有创意。

② 奖项设置：评出最佳高度奖、最佳稳固奖、最佳创意奖等。

图3.18

图3.19

2. 教师评价

教师总结，点评各小组作品，对于好的做法给予充分肯定，同时提出需要改进的方面。

① 评价导向：以活动过程中小组成员的表现作为评价参考，如小组的凝聚力、学生的动手能力、活动中小组的纪律等。

② 奖项设置：最优团队小组、能力最强小组、纪律标兵小组。

案例4

中国空间站模型

广西钟山县珊瑚镇中心小学科技工作室　李乃旺　潘雪娇

● 项目名称

中国空间站模型。

● 工具与材料

一次性竹签、牙签、纸板、泡沫、塑料瓶、锡纸、双面胶、剪刀、美工刀、笔，如图3.20所示。

图3.20

● 操作步骤

① 收集中国空间站资料，明确模型制作的要求，左右两个实验舱对称且大小相等，保证作品的稳定性和美观性。

② 根据中国空间站资料设计模型图纸，确定货运舱、实验舱、核心舱、载人飞船所需的材料，以及基本构成和组装连接方式，核对所需材料的数量和规格。

③ 美化中国空间站模型，用锡纸包好塑料瓶，画好太阳能电池板等（图3.21）。

④ 根据设计图纸组装各个舱位，并进行交会对接（图3.22、图3.23）。

图3.21

图3.22

图3.23

● 安全事项

　① 使用剪刀、美工刀前要先进行培训，掌握使用方法后须在指导老师的陪同下使用。

　② 注意，使用竹签、剪刀等尖锐工具时不能对着自己或他人的眼睛。

● 成果评价

　① 从空间站模型的结构稳定性、运转流畅性、作品美观性、制作精细度、作品规格是否合格等方面对作品进行评价。

　② 将学生的制作过程纳入评价内容，比如制作前是否合理设计图纸，制作过程中是否合理使用工具，是否具有节约材料或能源的意识等。

案例5　人工智能小助手

兰州市城关区雁宁路小学 STEAM 教育工作室　李明容　魏振江

● 项目名称

人工智能小助手（图3.24）

图3.24

● 工具与材料

安装Windows10操作系统的联网计算机、mBlock软件（慧编程软件）、摄像头、耳机、音箱。

● 操作步骤

① 小组研讨或独立思考人工智能小助手可以实现的功能，如自然语言识别、机器翻译、人体特征识别、情绪识别、手势识别等，用思维导图来表达设计的功能。

② 小组合作利用mBlock软件设计功能界面的不同角色，根据模块分工给不同角色编程（图3.25）。

③ 连接网络，连接摄像头、耳机及音箱，登录账号，在线测试程序，保证程序正常运行，检验程序的正确性（图3.26）。

图3.25

图3.26

● 注意事项

① 摄像头USB插口插入计算机的USB接口，耳机插口插入计算机后面的耳机接口，音箱的圆头接口插入计算机后面的音频输出接口，音箱USB插口插入计算机后面的USB接口。

② 保证网络连接正常，教师控制系统运行正常，网络安全软件EDR等正常开启。

● 成果评价

① 从人工智能小助手的功能和交互性方面进行评价，实现功能多、交互性好、设计难度大的评价更高。

② 从人工智能小助手设计分工方面进行评价，有设计思维导图、组内能够分模块完成程序设计、展示作品时介绍清晰的分值高。

案例6

摇头风扇

巢湖七中碧桂园分校人工智能工作室　陈志波

● **项目名称**

摇头风扇。

● **工具与材料**

Arduino主控板、舵机、电动机、塑料拼接件、杜邦线、数据线。

● **操作步骤**

① 依据项目设计选择合适的拼接件，组装风扇（图3.27～图3.29）。

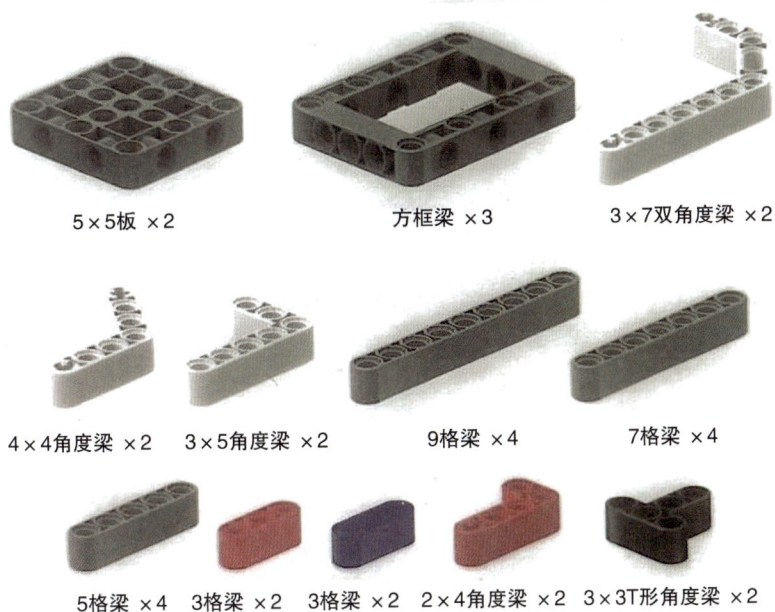

5×5板 ×2　　方框梁 ×3　　3×7双角度梁 ×2

4×4角度梁 ×2　　3×5角度梁 ×2　　9格梁 ×4　　7格梁 ×4

5格梁 ×4　　3格梁 ×2　　3格梁 ×2　　2×4角度梁 ×2　　3×3T形角度梁 ×2

图3.27

② 依据项目设计编写控制程序，具体功能不限。

③ 依据项目设计，完成作品后进行测试，并将程序保存（图3.30）。

USB数据线 ×1   电机线 ×2

图3.28

低速电机 ×2

图3.29

图3.30

● 成果评价

① 对程序运行能否实现项目设计要求进行评价。

② 从拼接结构的稳定性、美观性和实用性等方面对项目作品进行评价。

③ 将学生的制作过程、团队合作、节能环保意识和程序的健壮性纳入评价内容。

案例7 走马灯转起来

广西壮族自治区梧州市逸夫小学逸得气象科学工作室　梁红瑜

● 项目名称

走马灯转起来。

● 项目简介

走马灯是一种历史悠久的具有独特观赏性的传统彩灯样式，其转动原理为利用冷热空气对流产生动力带动灯罩转动，是中国古代劳动人民智慧与审美的体现。从原理上看，它也是现代燃气涡轮机的萌芽。本项目将STEM与走马灯这一传统工艺品的制动原理相融合，以提升学生的核心素养为目标，融合科学、技术、工程、美术等学科，开创个性化的学习环境，引领学生在活动中提升科学素质。

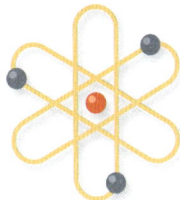

1. 时　间

在校日课后服务时间。

2. 对应的学科单元知识

小学科学课《热传递》单元的热对流。

3. 关联学科

科学、美术（主要完成灯罩等结构的材料选择和制作）。

4. 课时建议

4课时。

5. 活动目标

① 了解走马灯的基本结构和科学原理，了解叶轮的功能。

② 了解走马灯的起源和用途，感受传统文化的魅力。

③ 学习规范设计工程草图，能对自己的探究过程、方法、结果进行反思、评价与调整。

④ 在协作探究的活动中提升科学素质。

6. 活动模式

明确问题（任务）—设计方案—协作探究（创作作品）—展示交流—迭代优化。

7. 活动内容

下面给出"走马灯转起来"的项目活动内容（图3.31）、学习任务单（表3.2）和设计方案（表3.3、图3.32）。

图3.31

表3.2　学习任务单

提出问题	走马灯内部有什么装置使它可以不停地转动？	
我的猜测		
分解结构图	零部件名称	作　用
	叶　轮	转动机械
	支　架	支　撑
	火焰笼	外观造型
	蜡　烛	提供热动力

表3.3　设计方案

走马灯的名字		
材　料		

靠什么驱动		
走马灯的结构	叶轮设计图	灯 罩
小组分工	组 长	发言人
	记录员	
制作中遇到的问题	我们是如何解决的	

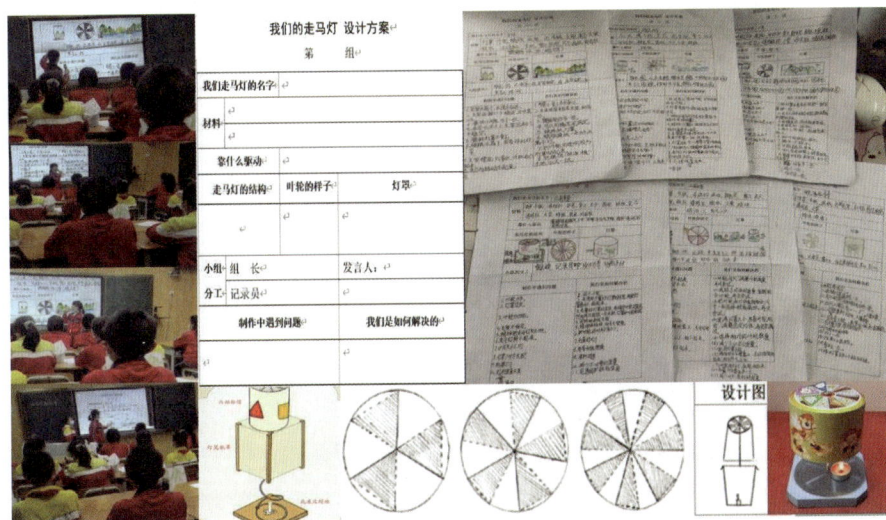

图3.32

● 工具与材料

卡片、蜡烛、纸杯、剪刀、美工刀、水彩笔、铁丝、细线、底座、子母扣、木块、钳子、热熔胶枪。

● 操作步骤

1. 问题驱动

① 在设计过程中考虑走马灯转动快慢受到哪些因素的影响?

② 走马灯转动的方向又会受到哪些因素的影响?(叶轮的大小和数量,轮轴的材质和长短,叶片的角度等)

③ 如何对关键因素进行规范的工程测量?

2. 设计方案

六人为一组设计走马灯制作方案，包括小组分工、走马灯的外形设计与内部结构设计。各小组提交走马灯设计草图，分享交流。

3. 协作探究（创作作品）

以小组为单位制作走马灯，教师可根据学生情况提供制作参考教程。

4. 展示交流与迭代优化

① 对已完成的小组作品进行检测与调试。

② 展示小组作品，阐述作品的设计理念与创作过程。小组间相互评价，完成活动评价表并提交。

③ 反思、讨论、交流、总结，进一步优化作品。制作过程中遇到什么困难？是如何解决的？走马灯能转动起来吗？走马灯转动方向与什么有关？如果走马灯不能转动，原因是什么？

● **安全事项**

① 安全、规范使用热熔胶枪、蜡烛等工具和物品，防止烫伤或粘伤。

② 注意铁丝、剪刀等尖锐物不能对着自己和他人。

注意：叶轮是走马灯的重要部件，其材质、尺寸、叶片数量及制造精度对性能有较大影响。叶片数量过少，灯体的稳定性差；叶片数量过多，能量转化效率低，走马灯转动速度会变慢。

● **成果评价**

① 结合活动评价表（图3.33），引导学生从走马灯结构合理性、运转流畅性、作品美观性、制作精细度、作品规格是否合格等方面对作品进行评价。

② 将学生的制作过程纳入评价内容，比如制作前是否合理设计方案，制作过程中是否规范使用工具，是否具有节约材料或能源的意识等。

③ 举办走马灯展示交流会（图3.34）作为整个活动的尾声，提升科学活动的层次和趣味性，让学生在愉快的氛围中进一步展示交流自己的活动成果。

图3.33

图3.34

无人机航模制作

河北机电职业技术学院　樊新乾　武晓英

图3.35

● 项目名称

无人机航模制作（图3.35）。

● 工具与材料

KT板、锯、铅笔、锉、钢尺、砂纸、美工刀、101胶水。

● 操作步骤

1. 熟悉航模

同学们观察教师展示的航模，熟悉航模各组成部分之间的关系及各组成部分的尺寸（图3.36）。

图3.36

2. 制作航模

① 机身制作（图3.37）：截取一根长30cm的KT板材作为飞机的长机身，截取一根长15cm的木条作为短机身，然后用101胶水把两段机身一端对齐固定在一起，最后为减少阻力需要把对齐的一端磨成鸟嘴的形状。

② 机翼制作（图3.38）：按照要求的尺寸截取机翼后，根据飞行原理，将机翼打磨成前后两侧稍薄的流线型样式，将螺旋桨、橡皮筋、水平尾翼、垂直尾翼等组装到位。

③ 组装（图3.39）：将机翼固定在飞机前端的机身上，注意机翼对称，组装应牢固、可靠，完成作品。

图3.37

图3.38

图3.39

3. 放飞航模

放飞之前，把工具收拾好。教师将学生带到放飞场，指导学生放飞。根据飞行状态调整机翼（图3.40、图3.41）。

图3.40

图3.41

● 安全事项

① 使用美工刀、锉、锯等工具时，要在教师的指导下掌握方法后使用。

② 注意合理使用101胶水，避免使用不当粘伤自己和同学。

③ 要在教师的指导下放飞航模。

● 成果评价

① 从航模组装的规范性、外观的精细度、线条的流畅性、飞行效果、团队成员配合状态等方面进行评价。

② 航模制作可以让学生理解和体验飞机的奥秘。在制作过程中，培养学生的合作意识、实践意识和安全意识。

③ 本文是河北省省级科技计划资助河北创新能力提升计划项目科学普及专项"青少年无人机科普教育平台开发"（编号：20551601K）阶段性研究成果之一。

案例9

搭胡萝卜塔

郑爱东科普志愿服务启明星工作室　郑爱东

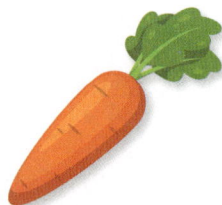

● **项目名称**

搭胡萝卜塔。

● **工具与材料**

胡萝卜、牙签、水果刀。

● **操作步骤**（图3.42~图3.46）

① 明确搭建胡萝卜塔的要求（比如只能使用胡萝卜和牙签搭建胡萝卜塔，不能使用其他材料，要尽量节约材料，在保证作品稳定性的前提下，看塔的高度也就是从底面到最高点的距离，另外看作品的美观程度）。

② 确认提供的胡萝卜和牙签数量，根据已有条件设计结构图纸，包括胡萝卜塔的底座、框架、基本结构、组装连接方式等。

图3.42

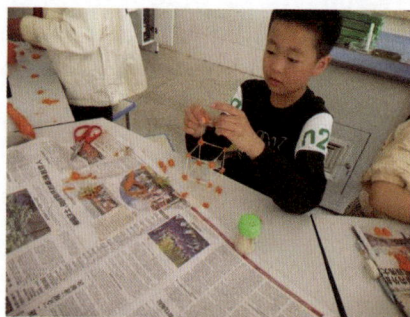

图3.43

图3.44

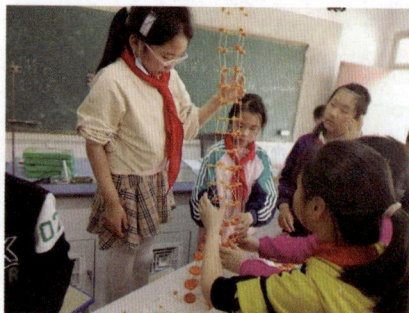

图3.45

③ 根据图纸进行制作，完成作品（可以根据图纸分模块完成，然后再进行组装）。

图3.46

● **安全事项**

① 使用水果刀切胡萝卜时一定要有指导老师的陪同，使用水果刀前要先进行培训，掌握水果刀切胡萝卜的正确方法后再进行操作。

② 注意牙签的使用，防止戳伤手或者其他身体部位。

③ 注意使用牙签和水果刀等尖锐工具时千万不要对着自己或他人，特别是眼睛等部位。

● **成果评价**

① 从胡萝卜塔的结构稳定性、美观性方面对作品进行评价。

② 将学生的制作过程纳入评价内容，比如制作前是否合理设计图纸，制作过程中是否合理使用工具，是否具有节约意识等。

案例10

创意小车马拉松

南宁市云景路小学　谭艳丽

● 项目名称

创意小车马拉松。

● 项目简介

如何让自己制作的小车滑行得更远，其中蕴含着丰富的知识，"创意小车马拉松"项目旨在鼓励学生动手去学习，熟悉并掌握结构设计和搭建技巧，探究其中的奥秘。学习过程以"动手操作"为主，"创新思路"为辅，增强学习过程的体验性，让学习变得生动多彩。

● 工具与材料

小车制作材料不限，可以利用拼装积木块、光盘等材料，自行设计拼装一辆小车（图3.47、图3.48）。

图3.47

图3.48

● 操作步骤

① 材料不限，自行设计一辆小车，不能借助任何外部动力，必须完全依靠小车自身重力滑行。

② 小车能承载一瓶350mL的矿泉水，从一个高30cm、坡长60cm的斜坡自由滑行，进入一个90cm宽的场地（图3.49～图3.51）。

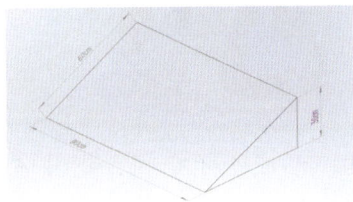

图3.49　　　　　　　　图3.50　　　　　　　　图3.51

● 安全事项

① 拼装小车时，使用起件器小心不要伤到手指。

② 注意合理使用热熔胶枪，防止烫伤或粘伤。

③ 注意不要将尖锐工具对着自己或他人的眼睛。

● 成果评价

① 看谁的小车跑得最远，同等距离的情况下看车的质量，质量越轻，评价越高。

② 小车拼装完成后，运行3次，取最远的滑行距离作为最终成绩，记入评分表（表3.4）。

表3.4　评分表

组　名		姓　名		
	距　离	质　量	偏　离	签　字
第一轮				
第二轮				
第三轮				

案例11 水火箭

河池市宜州区三中青少年科学工作室　卢逢旺　黄春艳　韦媛珍

● 项目名称

水火箭。

● 项目原理

向可乐瓶中装入约三分之一的水，用橡皮塞塞紧，形成密闭空间，把气体打入密闭的容器内，使得容器内的气压增大，当压力超过橡皮塞与瓶口接合的最大程度时，瓶口与橡皮塞自由脱离，瓶内水向后喷出，瓶获得反作用力射出。使用气泵和可控阀门发射器时，可以控制气压的大小，打开阀门，瓶口与发射器自动脱离。

● 工具与材料

2～4个2.25L的可乐瓶、剪刀、胶管、橡皮塞、打气筒、球类气针、气门芯、订书机、透明胶、双面胶、彩纸等。

● 操作步骤

1. 制作箭体

取一个可乐瓶，切成三等份，留下瓶口及中段部分。将第二个可乐瓶倒过来，将第一个可乐瓶的瓶口盖在第二个可乐瓶的瓶底，用胶水和透明胶固定。制作二级水火箭（图3.52、图3.53）或多级水火箭需使用分离器将各级连接，同级的瓶身用空心螺丝连接。

图3.52

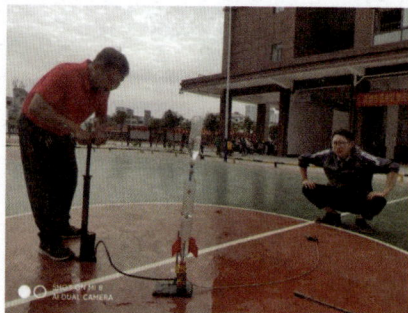

图3.53

2. 制作侧翼

用硬纸片剪下四个侧翼，为了使水火箭飞行时有较好的稳定性，侧翼必须有较高的硬度，可将两片或三片侧翼粘在一起提高硬度。剪好侧翼后，对称地粘贴在水火箭的下部侧面。

3. 制作增压塞

胶管穿过橡皮塞小孔，装上气门芯和螺帽，拧紧螺帽，将橡皮塞用力塞进瓶口内，气门芯露在外面。

4. 制作降落伞

将一张正方形的桌布对折，再对折，也就是对折2次，再用剪子剪成圆形。

5. 装饰水火箭

用剪好的彩纸装饰箭体（图3.54、图3.55）。

图3.54

图3.55

● 安全事项

① 水火箭用水量和水火箭内部空间有一定的比例，最佳用水量为水火箭内部空间的三分之一到四分之一，可多试验几次确定用水量。

② 水平方向飞行，由于空气阻力，发射的最佳角度在50°～55°，竖直方向飞行，发射最佳角度则为90°。

③ 水火箭飞行的距离或高度和橡皮塞的松紧程度有关，橡皮塞越紧，脱离瓶口时，火箭获得的动力越大。

④ 需要制作一个发射台，发射台要配有长60cm左右的导航轨道。应视风力和风向适当调整发射方向，保持最佳发射角度。

⑤ 发射时，确保水火箭和轨道平直。用打气筒打气时，要尽可能平稳，打气频率应快速且有节奏。

● 成果评价

水火箭寓教于乐、科技含量高，是深受广大青少年喜爱的动手、动脑的科普项目（图3.56、图3.57）。让学生了解基本的空气动力学和飞行力学等方面的知识，培养学生对物理学习的兴趣，热爱学习科学技术。

图3.56

图3.57

案例12　趣味DIY——神奇的电动机

广西科技馆青少年科学工作室　蔡　莲

● 项目名称

趣味DIY——神奇的电动机（图3.58）。

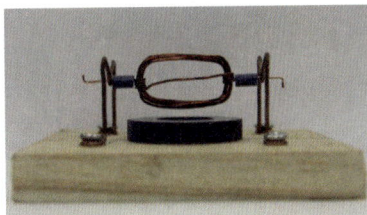

图3.58

● 项目目的

① 了解电动机的构造。

② 了解电动机的运转原理。

③ 了解电动机的转速与线圈匝数、线圈形状、磁场强度等因素有关。

● 项目原理

通电线圈在磁场中受到力的作用而运动。通电时，通电线圈产生磁场，磨掉绝缘漆的线圈一端与磁铁相斥，线圈被推开，线圈转动，当没有磨掉绝缘漆的线圈一端靠近磁铁时，线圈不是通电线圈，不产生磁场，但线圈由于惯性的原因转了过去，磨掉绝缘漆的线圈一端又一次靠近磁铁，再次接通电源，如此循环，线圈不断转动。

● 工具与材料

漆包线、铜质粗导线、条形木块、电池、电池盒、圆形磁铁、双面胶、螺丝、砂纸、木板。

● 操作步骤

1. 问题驱动

① 学生观察风扇和电动玩具，思考它们是靠什么运动的？

② 日常生活中有哪些电器需要电动机？

③ 展示一个做好的电动机装置成品，学生观察电动机由哪些零件组成。

2. 制作电动机

① 绕线圈（图3.59）。在条形木块上绕4圈漆包线，两端露出大约一个拇指长的漆包线，绕好后将条形木块抽出，完成线圈绕制。

② 扎线圈（图3.60）。在线圈较短的两边扎紧线圈。

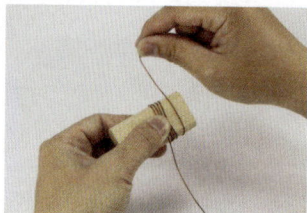
图3.59

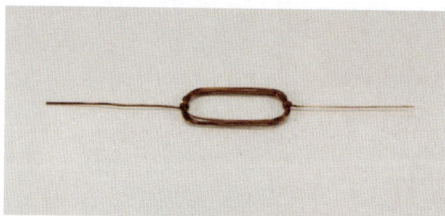
图3.60

③ 磨线圈（图3.61）。漆包线的表层是一层绝缘物质，需要用砂纸轻轻地把漆包线表面的绝缘漆磨掉（注意，线圈一端的绝缘漆全部磨掉，另一端只磨掉半周）。

④ 搭支架（图3.62）。先把两个铜质粗导线做好的等高的M形支架用螺丝固定在木板上，两个支架之间的距离由所做线圈的长度而定，最好让线圈在转动的过程中不会脱落，接着用双面胶把磁铁固定在支架的中间。

图3.61

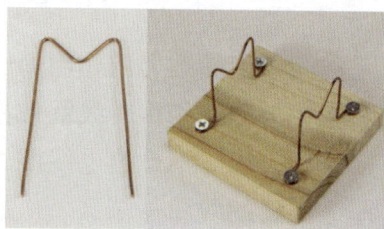
图3.62

⑤ 接通电源（图3.63）。把电池放入电池盒，将导线带夹子的一端夹在两个支架下方，接通电源（注意在接通电源之前先不要将线圈放在支架上）。

⑥ 拨动线圈（图3.64）。把线圈放在支架上，轻轻拨动线圈，给线圈一个动力，线圈随之转动起来。

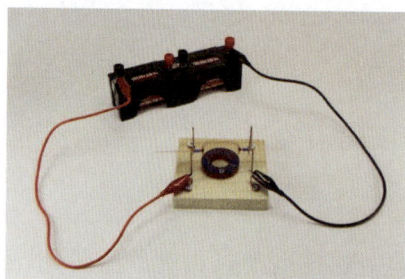
图3.63 接通电源

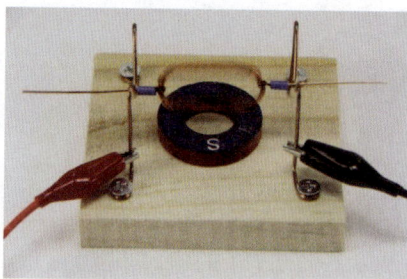
图3.64 拨动线圈

● 项目讨论

① 电动机各个零件和结构对于线圈的转动起什么作用？

② 给线圈通电时，如果把磁铁移走线圈还转不转？（线圈停止转动）

③ 线圈转动时，移动磁铁，靠近或者远离，线圈的转速有何变化？（磁铁靠近线圈，转速加快；磁铁远离线圈，转速减慢）

④ 分别增加磁铁和电池的数量，线圈的转速有何变化？（转速均加快）

⑤ 将磁铁的南北极对调，线圈的转动方向有何变化？（转动方向改变）

⑥ 将电池的正负极对调，线圈的转动方向有何变化？（转动方向改变）

● 项目拓展

还知道哪些电动机在日常生活中的应用？

案例13 陀螺发射器（手动/电动）

平和县青少年科学工作室　叶劲松

● **项目名称**

陀螺发射器（手动/电动）。

● **工具与材料**

乐高积木，包括九孔梁、大齿轮、曲柄、滑轮（轴套）、长轴，编程主机，电机，编程卡片等。

● **操作步骤**

① 解析作品结构，陀螺发射器分为三个部分：支架、发射装置、陀螺，会用到三种结构：互锁结构、齿轮传动、加速减速装置。

② 老师讲解搭建乐高积木的知识，引导同学们搭建拼装手动陀螺发射器和电动陀螺发射器（图3.65、图3.66、图3.67）。

③ 老师带领同学们进行陀螺大战（图3.68），同学们用乐高积木围成一个大圈作为比赛场地，看谁的陀螺转得最快最久。

图3.65

图3.66

图3.67

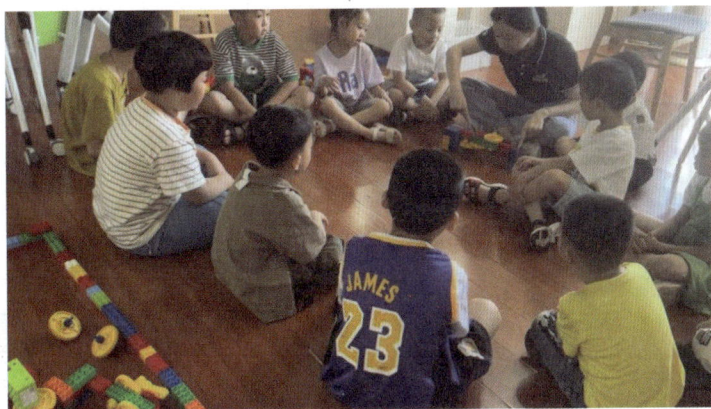

图3.68

● 安全事项

① 搭建底座时要注意积木缝不要压到手指。

② 提醒同学们不要哄抢玩具。

③ 比赛时应遵守秩序。

● 项目总结

引导同学们理解齿轮传动的原理，观察齿轮传动过程中，大齿轮是如何带动小齿轮的，学习一级加速、二级加速的知识。完成搭建后，老师给大家演示和讲解加速、减速。举办一场小型的陀螺比赛，同学们亲手搭建比赛场地，展示自己动手制作的陀螺发射器。

案例14　制作打镲机器人

未来科创　杨丽琴

图3.69

● 项目名称

制作打镲机器人（图3.69）。

● 工具与材料

乐高SPIKE科创套装、平板电脑。

● 操作步骤

① 根据模型构想设计图纸。

② 学生搭建"打镲机器人"（图3.70）。

③ 尝试改变设置，将打镲机器人的胳膊运动与智能集线器上的闪烁灯光同步。

④ 讨论同步运动。

⑤ 学生为机器人的胳膊添加动作。

⑥ 学生对机器人进行编程（图3.71），添加与胳膊动作一致的节拍，实现机器人按节奏打镲。

图3.70

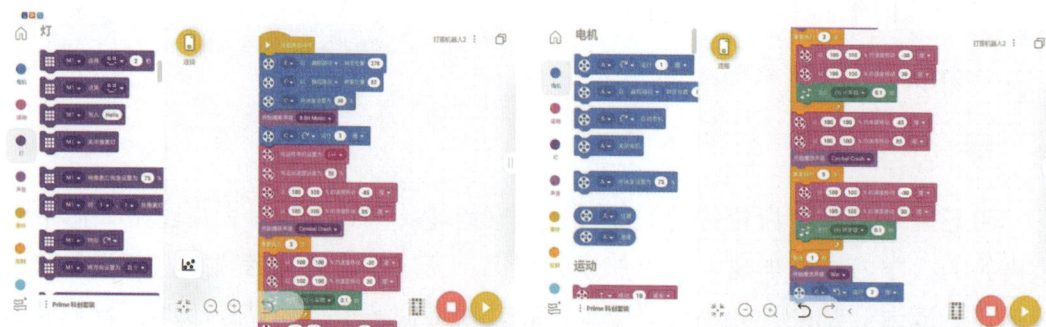

图3.71

● 安全事项

① 防止电机转动伤到手。

② 防止机器人前进太多掉到地上。

③ 注意机器人防水。

● 成果评价

① 对称性设计使机身具有较强的稳定性，在程序中设计了1秒停顿，使机器人平稳退回展示区；机器人设计了集线器灯光、音乐、彩色按钮等，增强了作品的美观性；通过两种不同幅度的打镲动作，对应三种不同效果的打镲音乐，让机器人动作更精细，提高了作品的趣味性（图3.72）。

② 动手前，学生积极思考，巧妙构思，精心设计图纸；制作过程中选择适当工具和材料，勇于实践，不怕失败。在多次活动中总结经验，培养了学生不气馁的科学品质和严谨的科学态度。

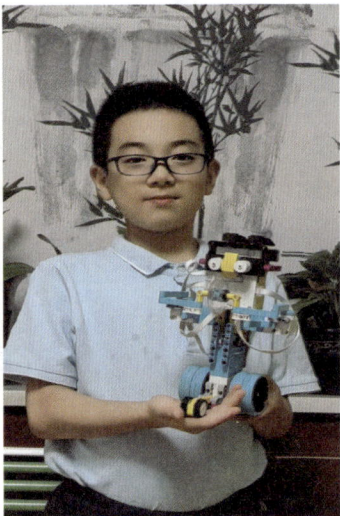

图3.72

案例15　自制风力风向标

山东省淄博市张店区华润实验小学创意制作科学工作室　解福香

● **项目名称**

自制风力风向标。

● **项目原理**

① 风吹来时，风向标尾翼受风面积比箭头大，若箭头及尾翼均受风，尾翼必会被风推后，使箭头移向风的来源方向，风向标会稳定在某一方位（图3.73）。

② 风越大，风杯转动的速度越快（图3.74）。

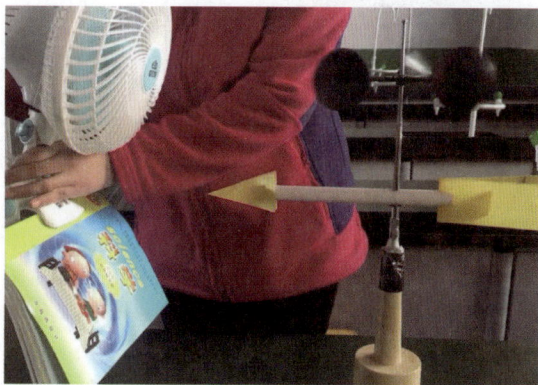

图3.73

图3.74

● **工具与材料**

支架、塑料管、塑料板、剪刀、热熔胶枪、风杯。

● **操作步骤**

① 将塑料管裁剪至适合的长度（约30cm），并在三分之二处打孔。

② 在塑料板上画出2个三角形和2个长方形，裁剪下来。

③ 用胶水把2个三角形塑料板粘在塑料管前端，作为风向标的箭头；把2个长方形塑料板粘在塑料管尾部作为风向标的尾翼。

④ 将做好的风向标装在支架上。

⑤ 在支架顶端安装能转动的风杯。

● 安全事项

① 安全使用剪刀裁剪塑料板。

② 安全使用热熔胶枪，防止烫伤或粘伤。

③ 使用风扇进行实验时，注意用电安全。

● 成果评价

① 从作品的外观是否精致，能否准确测定风力和风向等方面进行评价。

② 学生的制作过程也纳入评价体系，比如是否安全使用工具。

③ 风向标放在教室里，受外界环境影响小，学生能够用风扇模拟自然界的风力和风向并观察，实验得出的结论更加直观准确。

案例16　制作小风扇

玉林市玉东新区玉东小学创享空间　晏发坤

● 项目名称

制作小风扇。

● 项目原理

图3.75

接通电源后磁力转子产生感应电流，由此产生电磁转矩，小风扇在电磁转矩的作用下转动起来。

● 工具与材料

卡纸、剪刀、螺钉、电池、垫片、铜线、磁铁等（图3.75）。

● 操作步骤

① 先用圆规在卡纸上画一个直径6cm左右的圆，再以同一个圆心画一个直径1.4cm左右的圆，把圆平均分成12份，最后用剪刀剪掉6等份，留下6等份剪成6个扇叶，小风扇的扇叶就做好了。

② 先放好垫片，再放上做好的扇叶，最后放上磁铁，形成磁力转子（图3.76）。

图3.76

③ 在磁铁上放上螺钉，把螺钉的尖头与电池的负极连接，靠磁力原理吸在一起，最后用铜线把磁力转子的外径和电池的正极连接，此时电池输出的电流与磁力转子形成回路（图3.77）。

图3.77

● 安全事项

① 使用剪刀前要进行培训，掌握使用方法后要在指导老师的陪同下使用，注意使用剪刀时尖锐的一头不得对着自己或他人。

② 铜线与磁力转子接触的瞬间会产生小火花，要注意安全。

③ 小风扇转动时，注意不要触碰扇叶，以免被刮伤。

案例17 神奇的智能叉车

辽宁省辽阳县河栏镇九年一贯制学校梦飞创客工作室 王 勇

● **项目名称**

神奇的智能叉车。

● **工具与材料**

笔记本电脑1台、控制器1个、电机2个、红外传感器1个、中鸣机器人组件、连接线5条、齿轮2个、普通装饰零件10个、其他各种固件若干、LEGO软件。

● **操作步骤**

① 确定智能叉车的制作内容。

② 确认提供的材料数量和规格，教师指导学生画出设计图纸，并收集相关资料，用中鸣机器人组件进行组装（图3.78）。

图3.78

③ 用LEGO软件进行编程（图3.79），要求叉车能前进、后退、转圈和左右转向，遇到障碍物能躲避，并能将机械臂抬起放下，进行叉物体的工作。

图3.79

● **安全事项**

① 使用中鸣机器人组件前要先进行培训，掌握使用方法后，在指导老师的陪同下使用。

② 注意插座的正确使用方法，防止触电。

③ 组件组装成功后，要在宽阔的场地操作实验。

● **成果评价**

创作过程中学生能够积极参与，认真思考，能够充分利用科学、技术、工程、数学知识进行设计、组装及编程，在老师指导下顺利完成创作，学生的动手能力及创作能力得到充分展现，具有一定的趣味性与探究性。

案例18 制作手摇发电机

临沂市沂河天翼航模科技活动中心薛老师科学工作室　薛彦状

图3.80

● **项目名称**

制作手摇发电机。

● **工具与材料**

电机、短轴齿轮、长轴齿轮、盖板、手柄轴、惰性轮、手柄轴套、手柄、限位轴套、LED灯、螺丝钉、螺丝帽（图3.80）。

● **操作步骤（图3.81、图3.82）**

① 安装电机。

② 放置短轴齿轮。

③ 放置长轴齿轮。

④ 安装盖板。

⑤ 装完盖板后查看效果。

⑥ 安装限位轴套。

⑦ 安装手柄轴套。

⑧ 安装LED灯。

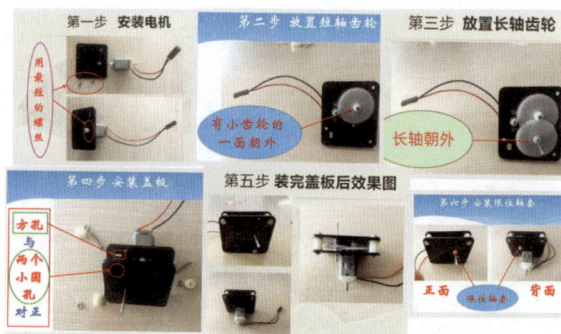

图3.81

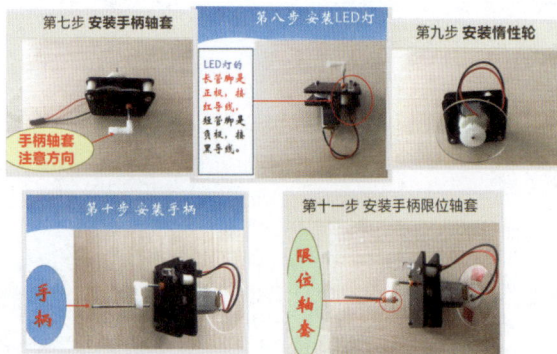

图3.82

⑨ 安装惰性轮。

⑩ 安装手柄。

⑪ 安装手柄限位轴套。

● **安全事项**

① 注意不要误食小齿轮零件。

② 注意不要将传动轴对准自己或者其他同学的眼睛。

● 作品展示

手摇发电机的完整作品如图3.83、图3.84所示。

图3.83

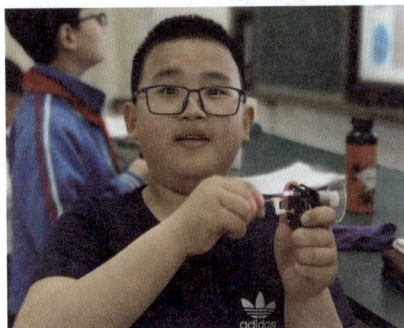
图3.84

● 拓展知识

① 视觉暂留现象（图3.85）是指物体在快速运动时，人眼看到的物体消失后，人眼对物体的印象不会立即消失，而会延续0.1~0.4s的时间。

看一看：
在惯性轮上，画上几个点或者贴上彩色的纸片，转动起来是什么样子？为什么会出现这种现象？

图3.85

② 探究发光二极管的单向导电性（图3.86）。

③ 思考发电机转子的转速与发电量的关系（图3.87）。

探究：
试着变换一下发电机转动的方向，看看LED灯的发光有什么规律？

图3.86

想一想：
试着让发电机的转速快慢变化，仔细观察，灯光亮度有什么变化？为什么会出现这种现象？

图3.87

案例19　制作电动小车

南昌中学云上科技工作室　杨佳妮

● 项目名称

制作电动小车。

● 工具与材料

一次性筷子、冰棍棒、热熔胶枪、N20减速电机、吸管、剪刀、齿轮、纽扣电池CR2032（数量不超过两个）、橡皮筋。

● 操作步骤

① 明确项目的规格和要求（原则上电动小车尺寸不可超过20cm×20cm×25cm，质量不超过300g，如果装置设计新颖，尺寸要求可酌情放宽）。

② 确认提供的材料数量和规格，根据已有材料进行基本的组装连接（图3.88、图3.89）。

图3.88

图3.89

③ 在原设计基础上进行改装升级（图3.90、图3.91），完成最终作品（图3.92）。

图3.90

图3.91

图3.92

④ 指导学生如何增加电动小车攀爬过程中的摩擦力，使学生掌握基本原理，并用于设计与制作。

● 安全事项

① 注意合理使用热熔胶枪，防止烫伤或粘伤。

② 注意不要将吸管、剪刀等尖锐工具对着自己或他人的眼睛。

● 成果评价

① 从电动小车作品规格、运转流畅性、攀爬高度等方面对作品进行评价。

② 将学生的制作过程纳入评价内容，比如制作过程是否合理使用工具，是否具有团队合作意识等。

案例20 制作一触即发机器人

云大附中青少年科学工作室 段俊成

● **项目名称**

制作一触即发机器人。

● **工具与材料**

VEX V5主控器、VEX V5智能电机7个、VEX机器人电池、VEX铝材、VEX连接件、VEX各尺寸螺丝和螺栓、亚克力板、万向轮4个、齿轮、链条、切割机、钻孔机、热熔胶枪等。

● **操作步骤**

① 设计一触即发机器人的图纸方案（图3.93）。

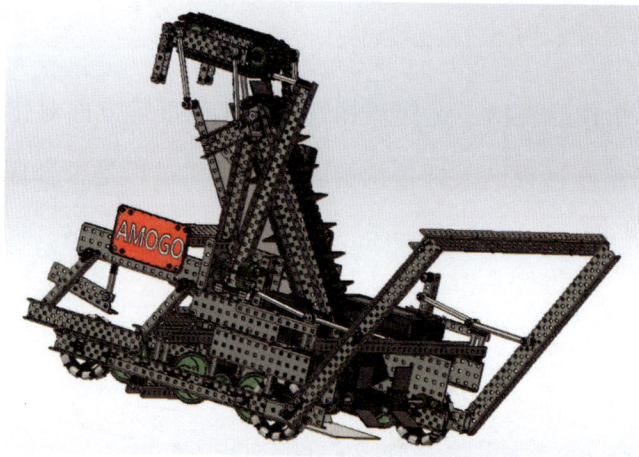

图3.93

② 确认提供的材料数量和规格，根据设计图纸，对机器人材料进行切割、组装、连接等。

③ 制作机器人，完成作品（可以根据图纸分模块完成，然后进行组装，图3.94～图3.98）。

④ 编写程序，调试程序（图3.99）。

图3.94

图3.95

图3.96

图3.97

图3.98

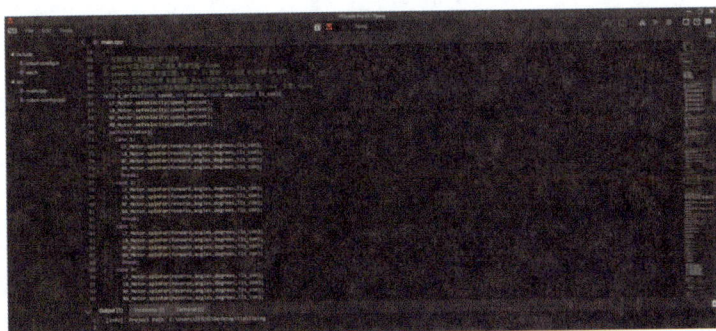

图3.99

● 安全事项

① 使用切割机和钻孔机前要先进行培训，掌握使用方法后在指导老师的陪同下使用。

② 注意合理使用热熔胶枪，防止烫伤或粘伤。

③ 连接VEX铝材时，注意比较尖锐的部分不能对准自己或他人，避免造成伤害。

● 成果评价

学生在制作机器人的过程中，不仅学习了机械结构知识，同时学习使用solidworks三维绘图软件设计机械结构，学习常见切割工具和钻孔工具的使用，学习使用基本的C++语言编写控制机器人结构的程序，在整个过程中，学生的思维能力和实践能力都得到了很大提升！

第 4 章

科技小发明类
实践活动

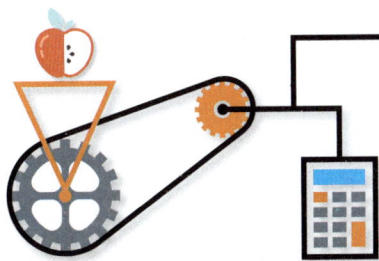

案例1

货车防侧翻装置

蚌埠一中 FabLab 创智空间　戴　辉

● **发明名称**

货车防侧翻装置。

● **发明背景**

货车侧翻事故不仅会造成严重的经济损失，同时也带来极大的安全隐患。此外，货车相较于轿车之类的小型车，其撞击力量是极大的。货车发生侧翻时，旁边的小车也经常被波及，甚至会遭受比货车本身更为严重的损失。

● **设计原理**

本发明包括处理器模块、提醒模块和制动模块（图4.1）。

处理器模块包括倾斜角度传感器、超声波传感器。倾斜角度传感器用于测量货车行驶过程中货厢倾斜角度；超声波传感器用于检测货车后方安全距离内是否有车。

提醒模块包括蜂鸣器1、蜂鸣器2。蜂鸣器1用于当货厢倾斜角度超过安全角度时发出警报；蜂鸣器2用于当超声波传感器检测到货车后方安全距离内有车时发出警报。

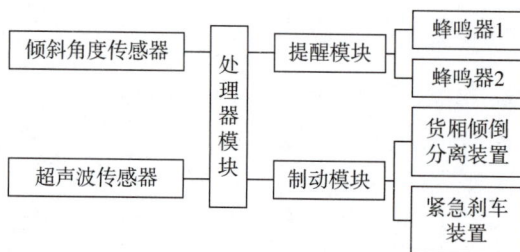

图4.1

制动模块包括货厢倾倒分离装置、紧急刹车装置。货厢倾倒分离装置用于当货厢倾斜角度超过安全角度时，进行向后倾倒操作；紧急刹车装置用于当货厢倾斜角度超过安全角度时，进行紧急刹车操作。

货车基本结构如图4.2所示，部分装置的安装如图4.3、图4.4所示。

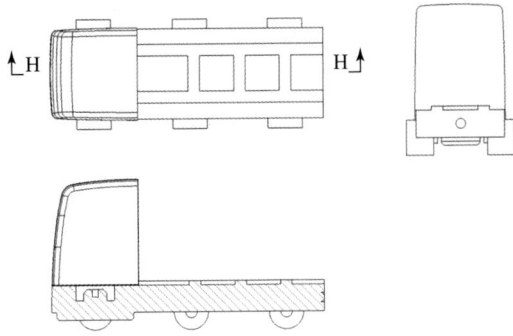

图4.2

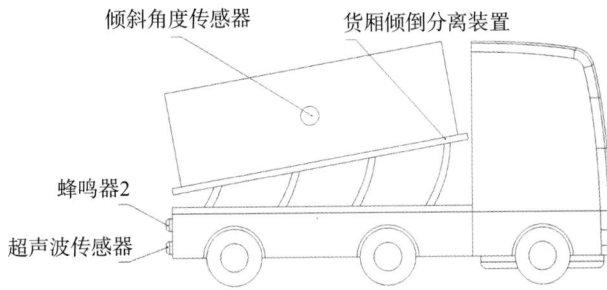

倾斜角度传感器　　货厢倾倒分离装置

蜂鸣器2

超声波传感器

图4.3

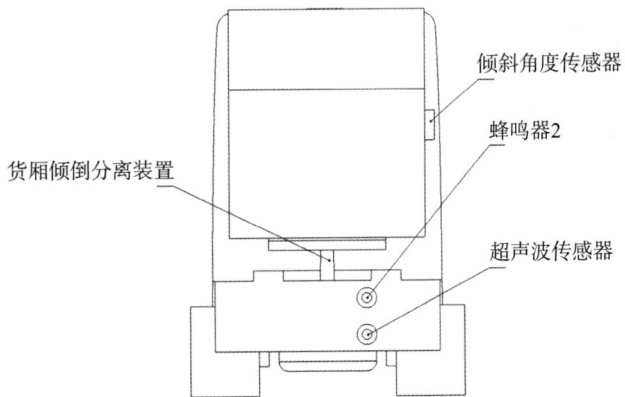

倾斜角度传感器

蜂鸣器2

货厢倾倒分离装置

超声波传感器

图4.4

案例2

智慧节能教室

江阴市青阳中学　董善勇

● 发明名称

智慧节能教室。

● 发明背景

我国校园数量庞大，用电量大。同时，校园存在电力浪费现象，浪费的电量十分庞大。为响应国家号召，应节约电能，低碳生活，减少能源消耗，构建节能校园。

通过讨论，明确以教室为单位，设计智慧节能教室，以达到节约电能低碳生活的目标。

● 资料分析

① 通过网络和身边的资源，获取教室相关资料数据，了解电力浪费情况。

② 了解教室当前的使用情况。

③ 了解师生对未来教室的需求。

④ 分析、讨论，梳理出智慧节能教室的设计方向。

● 设计原理

① 学生结合调查分析结果设计智慧节能教室方案，并进行讨论，完善方案。

② 学生结合学校拥有的设施设备，包括传感器和各种材料，利用计算机制图设计智慧节能教室的方案（图4.5~图4.7）。

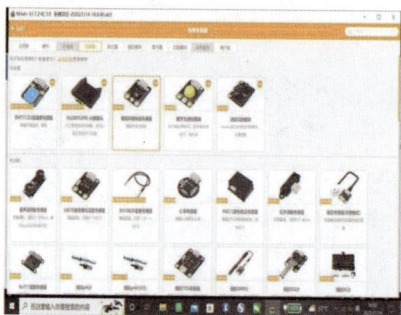

图4.5

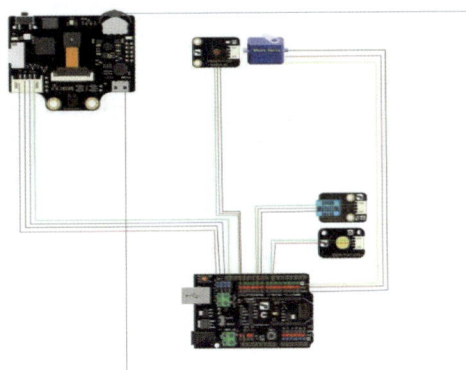

图4.6

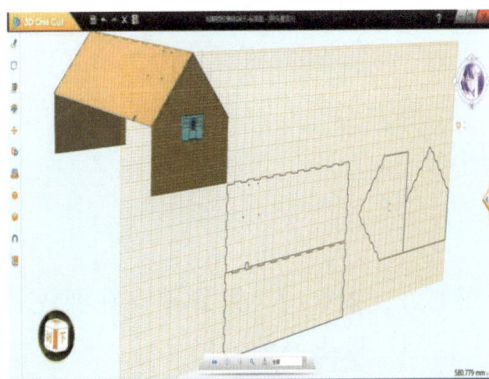

图4.7

● 制作过程

学生结合材料性能，经过讨论，选择合适的材料和合适的加工工艺（3D打印、木工、激光切割等），在教师的指导下完成智慧节能教室的模型，并进行程序设计和调试，实现设计功能的呈现（图4.8～图4.10）。

图4.8

图4.9

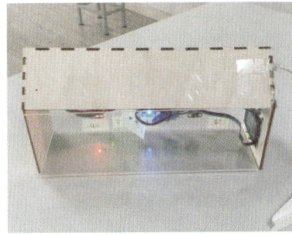

图4.10

● 设计评价与优化

学生通过实际测试、自评和互评等方式，进行交流与评价，发现设计的不足，进一步完善和优化设计。

案例3　橡皮筋动力飞机

桓台县第四小学科技工作室　孙　珂

● 发明名称

橡皮筋动力飞机。

● 发明背景

航模运动是一项深受青少年喜欢的运动。航模的制作和试飞，可以很好地培养青少年细致入微的观察力，丰富他们的想象力，增强青少年的动手操作能力，锻炼他们分析问题和解决问题的能力，为青少年的知识应用和个人才能的展示与发展提供自由的活动空间。

● 设计原理

橡皮筋动力飞机（图4.11、图4.12）是靠储存在橡皮筋内的能量带动机翼产生拉力从而使飞机飞行的模型。橡皮筋动力用完后，模型滑翔下降。

图4.11　　　　　　　　　　　图4.12

● 材料清单

硬卡纸两张、橡皮筋1根、订书机1个。

● 飞行技巧

① 找准重心飞行才能平衡。把机翼的重心放在两根手指指尖上，整机要处于平衡状态。如果机头上翘（头轻），要把机翼向前移动；如果机头下沉（头重），则机翼向后移动，直至整机平衡。

② 找对方向，飞机起飞必须逆风飞行，目的是使机翼产生较大的升力。

③ 出手要轻，对准风向机头微微抬高（约20°）。保持水平尾水平，垂尾垂直，机翼与水平尾平行，两侧上反角上翘一致。

案例4　调节式分类垃圾袋挂架

明湖学校科学工作室　夏单林

● **发明名称**

调节式分类垃圾袋挂架。

● **发明背景**

随着人们环保意识的提高，对塑料袋的二次利用越来越普遍，盛放垃圾便是最常见的用途之一。但我们从菜场、超市带回的塑料袋，各式各样，大小不一，与传统固定容积的垃圾桶难以匹配。

● **设计原理**

调节式分类垃圾袋挂架（图4.13、图4.14）通过侧面的调节实现高度的升降；通过底座的调节，实现挂架宽窄的调整，并设计锯齿状的挂耳，以适应不同型号塑料袋的提手。

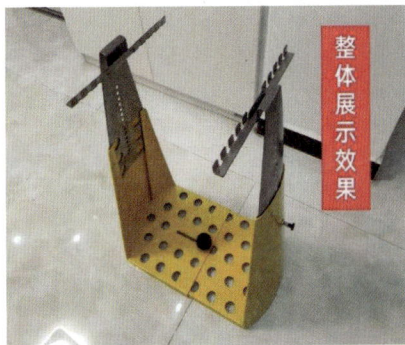
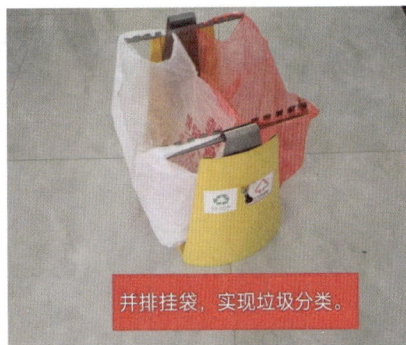

图4.13　　　　　　　　　　图4.14

● **制作过程**

① 挂架侧面通过卡扣将侧板和底座连接在一起，侧板可以在滑槽内上下移动。在任意槽口处松开卡扣，这时，受弹簧力影响，卡扣卡住侧板，使之固定（图4.15）。

② 底座中间部位设有沟槽，通过底座螺母使之固定（图4.16）。调整底座螺母和沟槽的交点位置，可以增大或缩小底座面积。

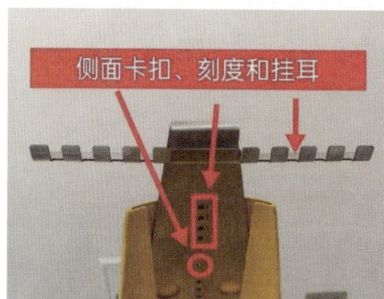

图4.15

图4.16

③ 挂耳处采用齿轮状设计，实现并排挂袋、垃圾分类的设想。

④ 分类垃圾袋挂架的调节如图4.17所示。

图4.17

● **创新点**

① 本作品通过调整挂架侧板的高度、底面积的大小，以适应不同型号的塑料袋。

② 挂耳处采用齿轮状设计，实现并排挂袋、垃圾分类的设想。

③ 侧板设有刻度，确保两边等高，受力均匀。

案例5

可自由对接、旋转的
天宫号空间站模型

山东省青岛市城阳区
"未来工程师"科技创新教育集团　邱亚伦　王　帅

● **发明名称**

可自由对接、旋转的天宫号空间站模型。

● **发明背景**

随着神舟十三号、神舟十四号以及长征五号运载火箭的成功发射，天宫号空间站越来越完善（图4.18），标志着中国航天事业步入新的阶段，载人航天科技取得重大突破。制作天宫号空间站模型，不仅可以锻炼学生的动手能力，学习更多航天知识，还可以让更多青少年了解并关注中国的航天事业，为祖国的航天事业添砖加瓦。

图4.18

● **设计原理**

天宫号空间站模型利用废旧材料制作而成（图4.19）。机身用废旧的饮料瓶和玩具零件黏合而成，舱门和雷达利用废旧螺丝和大头钉改造而成，太阳能电池板用废旧的透明玻璃纸制作而成。模型不仅外形逼真，而且每个舱体都可以自由组合对接。天宫号空间站模型放在地球仪上方，通过电机传动装置可以朝不同方向旋转，模拟真实的空间站在绕地球运行。

● **制作过程**

① 挑选废旧的白色饮料瓶按照天宫号空间站的样式粘在方块积木上。

② 在瓶子上涂上银色颜料，仿金属质感。

③ 用大头钉制作雷达，用废旧螺丝制作舱门，粘贴到模型主体上。

④ 把废旧透明玻璃纸裁剪成合适的大小，再用记号笔涂色制作太阳能电池板。

⑤ 用铁丝穿透天宫号空间站模型舱体，用透明胶带固定太阳能电池板。

⑥ 找出废旧玩具里的减速电机，用铁丝将空间站模型与地球仪绑定，利用电机驱动地球仪转动，同时带动空间站模型旋转。

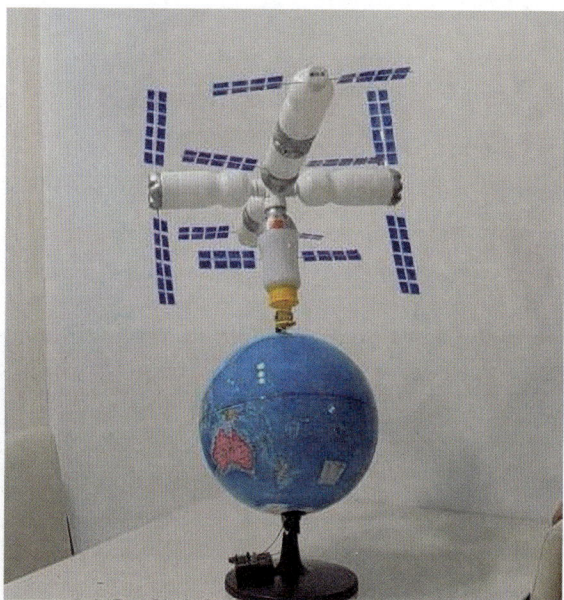

图4.19

● **创新点**

① 模型整体由废旧材料制作而成，节能环保。

② 巧妙利用废旧饮料瓶身和瓶盖可以分离组合的特点，天宫号空间站模型各个舱体可以自由组合对接。

③ 巧妙改造废旧地球仪，利用废旧玩具的减速电机，设计皮带传动机构，使得天宫号空间站模型和地球仪不仅可以同时转动，而且可以朝不同方向转动，惟妙惟肖。

案例6

光电智能晾衣架

个旧市青少年活动中心　尚亚泽

● 发明名称

光电智能晾衣架。

● 发明背景

现在城市建筑大部分都是玻璃落地窗封闭式阳台，阳光通过玻璃幕墙后，紫外线消灭细菌的效果大大减弱。如果将衣服伸出阳台挂在户外，遇到天气变化（如下雨等情况）不能及时关窗收衣服会导致衣服淋湿。我们利用光电效应，通过光电传感器和电机配合，设计一款可以根据光线变化，自动打开窗户及收缩晾衣杆的智能晾衣架模型（图4.20）。

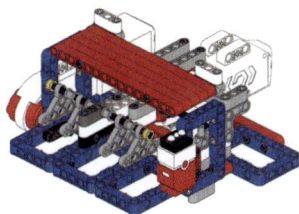

图4.20

● 设计原理

首先通过光电传感器检测当前时段光电值参数，根据光电值判断现在是晴天还是雨天（下雨及夜晚，自然光强度会有一定程度的降低。虽然不能完全规避所有下雨的情况，比如晴天的小阵雨，但可以避开光线骤降导致衣物完全湿透的中雨、大雨）。通过程序控制电机在日照充足时打开活动窗户，窗户打开后，用另一组电机控制齿条带动晾衣杆伸出，晾晒衣物。利用同样的原理，在光线变暗后收回晾衣杆，关闭活动窗户。

● 制作过程

1. 搭建活动窗户

使用塑料结构及曲柄组，配合电机模拟活动窗户效果（图4.21、图4.22）。

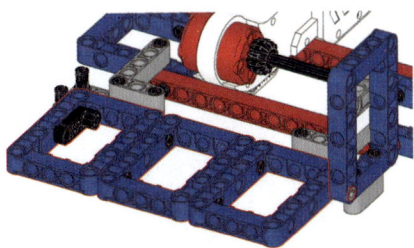

图4.21

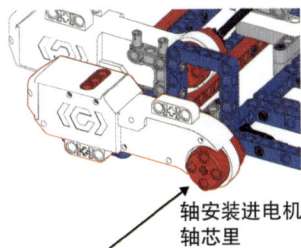

轴安装进电机轴芯里

图4.22

2. 制作晾衣架结构

使用齿轮及齿条配合，模拟晾衣杆伸出部分的效果（图4.23、图4.24）。

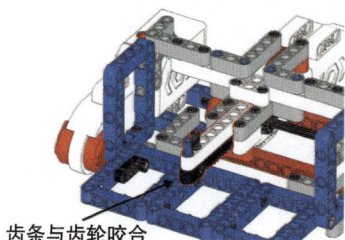

齿条与齿轮咬合

图4.23

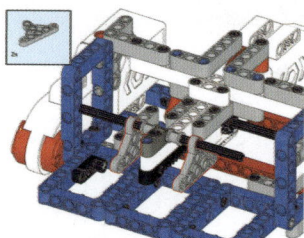

图4.24

3. 安装光电传感器

在合适位置安装光电传感器，能够无障碍接收光线，检测光线的变化（图4.25）。

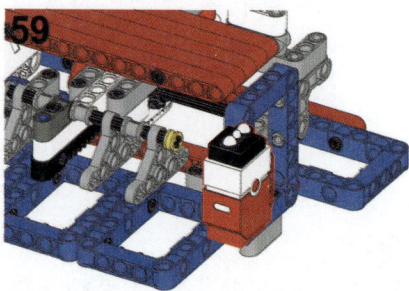

图4.25

4. 编写控制程序

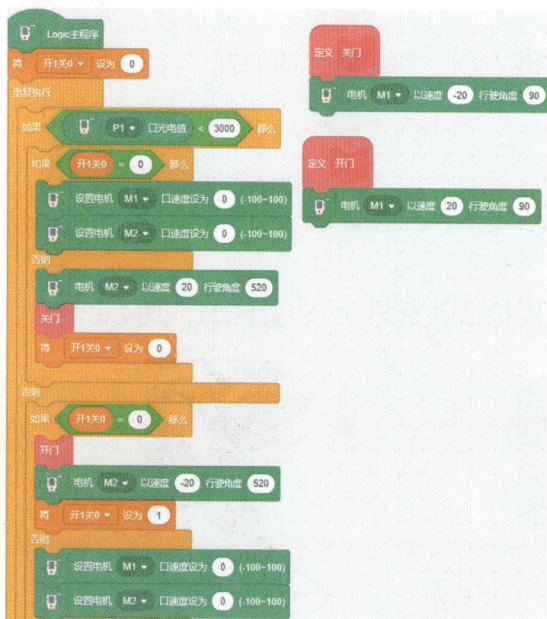

图4.26

通过程序控制整套设备的运行，从而完成智能晾衣架的全工作流程模拟（图4.26）。

● 知识点

① 了解光电传感器的工作原理。

② 了解曲柄、齿条等物理结构及使用方式。

③ 通过模拟智能晾衣架的工作原理及工作过程，学习类似产品的工作原理，比如光电感应的自动关窗系统、红外感应的车库计数系统等。

草原智能放牧洁便机

甘肃省合作市佐盖多玛乡中心小学春苗创客工作室　马泽龙

● 发明名称

草原智能放牧洁便机。

● 发明背景

甘肃省甘南州合作市佐盖多玛乡新寺村是海拔3600多米的牧区，高寒缺氧，条件艰苦，所有学生的父母都是牧民，平时都在牧场，无暇顾及家庭，导致很多学生沦为留守儿童，对学生的心理健康和成长很不利。"草原智能放牧洁便机"可以帮助学生家长放牧，清洁卫生，从而让家长腾出更多时间来陪伴孩子，让学生在父母的关爱下茁壮成长。

● 材料清单

开智EV6编程机器人、超声波传感器、舵机、触碰传感器、风扇、电机、开关、电池等。

● 设计原理

① 大舵机：前进、后退、转向。

② 触碰传感器：避开障碍物。

③ 超声波传感器1：扫描牛羊粪便。

④ 超声波传感器2：扫描牛羊位置。

⑤ 舵机：驱赶牛羊群。

⑥ 风扇及电机：无人机飞行必备设备。

● 制作过程

学生制作过程如图4.27所示，作品如图4.28所示。

图4.27　学生制作

图4.28

● 作品运行

运行1：在牛羊圈中运行，超声波传感器1扫描牛羊粪便，收集并清洁。将收集的粪便通过无人机运送至垃圾指定投放区域。

运行2：在草原上运行，超声波传感器2扫描牛羊位置，前进至牛羊附近，舵机进行驱赶，让牛羊在草场上边吃边走，直至回栏，结束放牧。

案例8　解决残疾人上下车困难问题

平凉市第十中学梦工厂创客工作室　孙江苏

● 发明名称

解决残疾人上下车困难问题（图4.29）。

平凉市第十中学
PINGLIANGSHIDISHIZHONGXUE

解决残疾人上下车困难问题

一、创意灵感

某次出行，途径平凉市人民政府，有位老奶奶过马路，两次绿灯（120秒）都没有经过该路口，于是我停下脚步，将老奶奶扶了过去，并问她，为什么没有不做无奈公交车，她说腿疼，上不了公交车。我很无奈，在生活中缺乏观察，年轻人不知道老人的痛苦，如果能给残疾人士在公交车上设计专用门，他们便可上下车通过刷爱心卡舒心的乘车。

二、工作原理

公交车到站后，车上的残障人士扫描爱心卡，爱心门自动打开，残障人士安全下车。如果站台上残障人士有人上车，爱心门会等待，残障人士登上爱心门后，升降梯缓缓升起，车门最后关闭。如果车到站后没有残障人士下车，站台上有残障人士上车，他们可以扫描爱心卡，爱心门自动打开，升降梯上升将残障人士送至公交车内，爱心门关闭。

公交车到达站点时爱心卡才能起作用，不然有些人不小心扫描爱心卡，导致公交车爱心门打开发生危险。

2019年3月，第六届全国青年科普创新实验暨作品大赛召开。通过阅读比赛规则，我们的灵感恰好符合本次比赛智能控制命题项目。于是报名参加本次比赛。

目前的公交车给人们的出行带来了方便，但没有考虑到残障人士的乘坐。为了进一步落实十九大会议精神，创建文明和谐社会，永远把人民对美好生活的向往作为奋斗目标为宗旨。我们平凉十中创客工作室设计了一辆公交车，专门解决残障人士乘车难问题。在公交车的中间部分专门开一个爱心门，他们上下车通过刷爱心卡舒心的乘车，不在和普通乘客挤在一起，导致上下车慢、拥挤等等。设计的材料是全国青少年人工智能科普活动资源包，经过一个多月的设计、安装、调试、反复测试，终于成功了。达到了预期效果，当公交车到站，残障人刷卡后，爱心门会自动打开，人们上去车门自动关闭，公交车继续行驶，到下一站点，有残障人下车时，他们刷卡，爱心门打开降至地面等高，残障人士下车，此站点残障人士接着上车，上车完成后，公交车继续行驶。

三、发展前景

目前已和苏州金龙海格客车公司、宇通公司取得联系，他们两家公司都愿意和我洽谈，认为与我的想法和创作，符合新时代要求、国民需要。具体事宜还需公司上会研究、工程师论证。

硬件清单：
1.光敏传感器　2.光电传感器　3.触碰传感器
4.变速马达　5.红外接收传感器　6.红外遥控器
7.Atmega2560主控器

制作步骤

1.制作主框架：运用人工智能套件进行拼接，搭出主框架。

2.设计前轮转向系统：运用两个齿轮互相咬合原理，产生扭矩，驱动前轮转向。

3.设计后轮驱动系统：使用马达驱动齿轮互相咬合，产生扭矩，控制整车前后移动。

4.设计升降梯：使用马达驱动齿轮产生扭矩，带动齿条控制升降梯上下移动。

5.运行程序设计：使用scratch编程软件设计运行程序，使车上每一部分都与主板连接，运行已编入的程序。

6.安装传感器以完善功能：在车头安装一对光电传感器提供照明；并在车头车尾安装触碰传感器以避免发生车祸；在车顶安装红外接收传感器和光敏传感器以接收红外信号和防止疲劳驾驶。

公交车到达站点时爱心卡才能起作用，不然有些人不小心扫描爱心卡，导致公交车爱心门打开发生危险。

图4.29

● 发明背景

某次出行，看到一位老奶奶过马路，两次绿灯（120秒）都没有通过该路口，我停下脚步，将老奶奶扶了过去，并问她为什么不坐公交车，她说腿疼，上不去公交车。如果能在公交车上给残障人士及腿脚不便的老年人设计专用门（爱心门），他们便可安心乘车。

● 设计原理

公交车到站后，车上的残障人士扫描爱心卡，爱心门自动打开，升降梯缓缓落下，残障人士安全下车。如果站台上有残障人士上车，爱心门会等待，残障人士登上爱心门后，升降梯缓缓升起，车门最后关闭。公交车到达站点时爱心卡才能起作用，避免有人不小心扫描爱心卡，导致爱心门打开发生危险。

● 材料清单

光敏传感器、光电传感器、触碰传感器、变速电机、红外传感器、红外遥控器、Scratch编程软件、Atmega2560主控器。

● 制作步骤

① 制作主框架：利用人工智能套件进行拼接，搭出主框架。

② 设计前轮转向系统：将两个齿轮互相咬合，产生扭矩，驱动前轮转向。

③ 设计后轮驱动系统：利用电机驱动齿轮互相咬合，产生扭矩，控制整车前后移动。

④ 设计升降梯：利用电机驱动齿轮产生扭矩，带动齿条控制升降梯上下移动。

⑤ 运行程序设计：使用Scratch编程软件设计运行程序，利用Atmega2560主控器控制运行程序。

⑥ 安装传感器：在车头安装光电传感器提供照明，在车头、车尾安装触碰传感器，在车顶安装红外传感器和光敏传感器接收红外信号和光信号。

案例9　AI机器人

河南省焦作市孟州市韩愈小学科创筑梦工作室　范希建

● 发明名称

AI机器人。

● 发明背景

居民希望通过AI机器人解决生活问题，包括社区安防、路障清理、物资配送、提醒孩童注意安全、异物清除、垃圾处理等，提高社区服务水平，增进邻里之间的感情，使得社区生活更加温暖和谐。

● 设计原理

本作品以优必选机器人为载体，通过模型搭建和自主编程，创建AI机器人，让机器人为人类服务，激发学生的科技创新意识。

① 每台AI机器人只允许使用单个控制器，控制器须集成语音识别模块，用于识别控制机器人的各种动作指令。

② 通过电机控制机器人前进、转弯、后退等，利用舵机控制机器人手臂做平伸、上举、下压等动作。

③ 通过传感器进行道路识别、障碍识别等。

④ 将控制器、电机、舵机、传感器等组装成不超过 250mm×200mm×250mm（长×宽×高）的AI机器人。

⑤ 通过自主编程发出指令对机器人进行控制，让AI机器人完成指定任务。

● 材料清单

控制器1个、电机2个、舵机4个、传感器4个、连接线若干、各种积木块。

● 制作过程

① 组装AI机器人（图4.30～图4.32）。

图4.30

图4.31

图4.32

② 自主编程（图4.33）

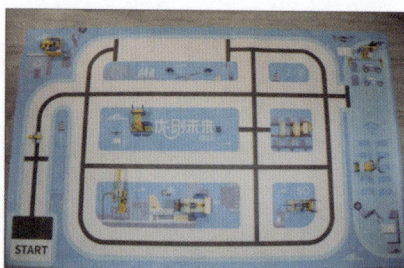

图4.33

③ 在测试场地安装调试（图4.34、图4.35）。

图4.34

图4.35

多功能护眼坐姿提醒器

宿州九中教育集团小平科技创新实验室　张英辉

● 发明名称

多功能护眼坐姿提醒器。

● 发明背景

目前中小学生普遍学习时间较长，由于坐姿不正确，眼睛离书本太近，经常会导致近视，甚至会导致脊柱略有不直（图4.36）。

为了保护学生的视力及矫正坐姿，设计了多功能护眼坐姿提醒器（图4.37）。作品设计成本较低，使用方便，效果较好。

图4.36

图4.37

● 设计原理

作品主要由超声波传感器、主控板和蜂鸣器三部分组成。根据人眼看书的正常距离，通电后，在主控板设置一定的距离（比如设置30cm）。看书或写字时，若头部距离超声波传感器大于设定的距离，眼睛与书本距离正常，蜂鸣器不报警；若头部距离超声波传感器等于或小于设定的距离，眼睛与书本小于正常距离，蜂鸣器报警，提醒学生眼睛距离书本小于正常距离，坐姿不正确，需要重新坐正，起到保护视力及矫正坐姿的作用（图4.38、图4.39）。

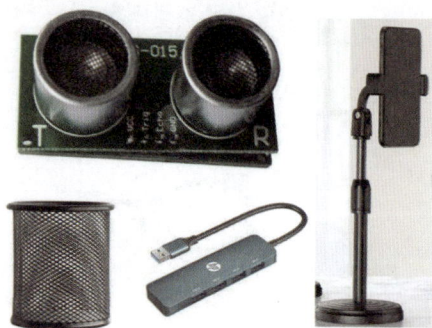

图4.38

图4.39

● **创新点**

① 在护眼坐姿提醒器左边安装一个笔筒，方便笔的使用与回放。

② 在护眼坐姿提醒器右边安装USB接口，可以用来给提醒器充电，也可以插上小夜灯等，方便学生使用（图4.40）。

图4.40

案例11 我的奇思妙想——游泳圈

红莲小学工作室 邹丽熳

● **发明名称**

我的奇思妙想——游泳圈。

● **发明背景**

围绕"低碳生活"主题开展活动，经过讨论，决定制作环保游泳圈。

● **设计原理**

空气袋内有空气，而空气的密度很小，人套上空气袋做成的游泳圈后，人和游泳圈的平均密度小于水的密度，套上游泳圈的人在水中还没有完全浸没，所排开水的重力就等于人和游泳圈的总重力，达到受力平衡状态，故能使人漂浮在水面。此时浮力并没有大于重力，而是等于重力。

● **制作过程**

制作游泳圈的材料很简单，一把剪刀，快递包装使用的空气袋以及一卷透明胶带就可以了。先收集好空气袋，把它分为四层，剪好胶带层层包裹住空气袋，使其保持密闭的状态（图4.41~图4.43）。

图4.41

图4.42

图4.43

● 作品测试

作品不仅要来源于生活，还要运用于生活。完成作品后，我们找到几名不同年龄段的学生来进行实验（图4.44、图4.45）。首先我们找来一个幼儿园的小朋友进行实验，她套着游泳圈能浮在水面上。然后我们又找来一个一年级的小朋友，游泳圈依然能够发挥功能，最后我们找来一个三年级的学生，游泳圈依然没有任何问题，完全能承受人的体重。经过多次实验，自制游泳圈是可以正常发挥功能的。

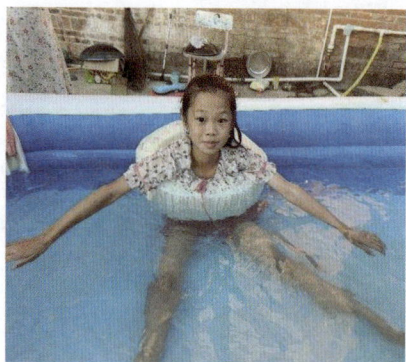

图4.44

图4.45

案例12　智能防疲劳驾驶系统

长顺县民族高级中学　谢洪瀚

● 发明名称

智能防疲劳驾驶系统。

● 发明背景

生活中常常会出现驾驶员疲劳驾驶的情况，导致发生交通事故，有没有什么好的解决办法？

● 发明原理

智能防疲劳驾驶系统利用人在正常状态和疲劳状态心率的不同来监测驾驶员是否处于疲劳驾驶的状态。使用心率传感器对驾驶员进行监测，当监测到的心率超过临界值时，传感器控制微型震动模块，提醒驾驶员目前处于疲劳状态，控制LED灯闪烁，蜂鸣器发声，提醒周围车辆的驾驶员注意安全隐患。同时，两个舵机转动，一个舵机辅助驾驶员循环踩动刹车达到点刹的效果，防止侧翻，另一个舵机挡住油门，防止驾驶员误操作，从而达到防止驾驶员因疲劳驾驶而发生交通事故的效果。

作品外观如图4.46~图4.50所示。

● 使用方法

① 将该系统安装在汽车油门和刹车之间。

② 驾驶员佩戴心率传感器，监测心率。

● 待继续研究的问题

① 如何保障心率传感器的精确度？

② 若驾驶员处于心率异常的特殊时期，心率传感器的监测功能还能正常发挥吗？

③ 如何使本系统与车辆的整体设计融合，不影响车辆原有配置发挥功能？

图4.46　作品正面图

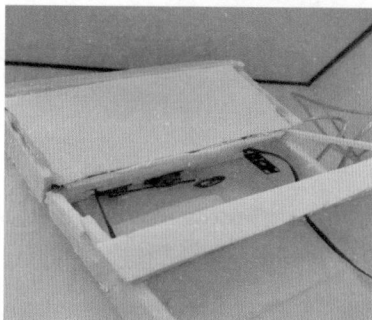

图4.47　作品舵机模块+心率传感器+蜂鸣器模块

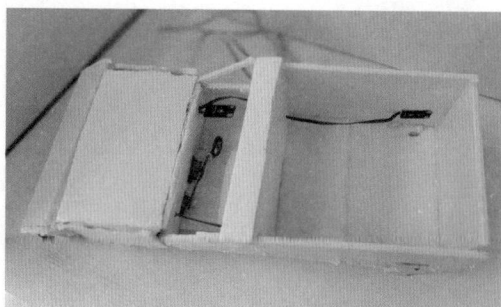

图4.48　作品整体俯视图

图4.49　作品LED灯模块
（用于模拟汽车后车示宽灯双闪）

图4.50　作品LED灯模块
（用于模拟汽车前车示宽灯双闪）

案例13 智能判断失主的自主失物招领箱

steam教室 苏 雅

● **发明名称**

智能判断失主的自主失物招领箱。

● **发明背景**

晨跑时我捡到一枚金戒指，等了两个小时，失主才来找寻丢失的东西。

还有一次和弟弟出去玩的时候，我把最喜欢的手链弄丢了，把所有玩过的地方找了个遍，也没找到。

近些年出现的共享单车、共享充电宝等都是无人化的智能管理。那么失物招领可不可以也采用这个模式呢?

● **设计原理**

捡到物品的人通过手机存放失物并设置问题。丢失物品的人通过手机回答对应的问题，回答正确之后才可以打开失物招领箱取出失物。

显示界面模拟手机APP，通过蓝牙模块和Arduino通信控制柜门的开关。用开源硬件作为核心控制器，蓝牙模块和手机相连，通过蓝牙与用户进行交互。

● **设计制作**

① 设计作品结构图（图4.51、图4.52）。

② 硬件连接（图4.53）。

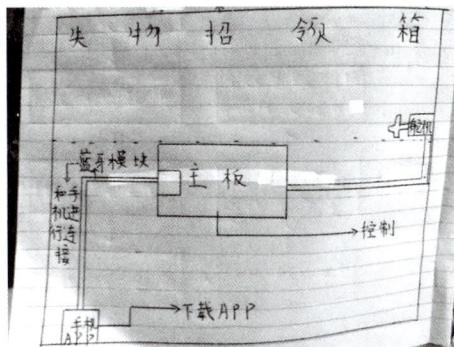

图4.51

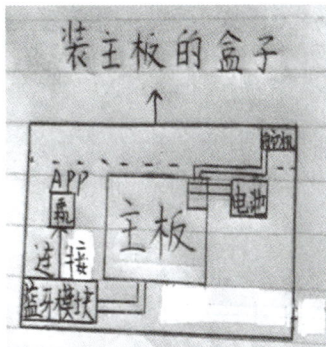

图4.52

③ UI界面设计（图4.54）。

④ 程序设计（图4.55）。

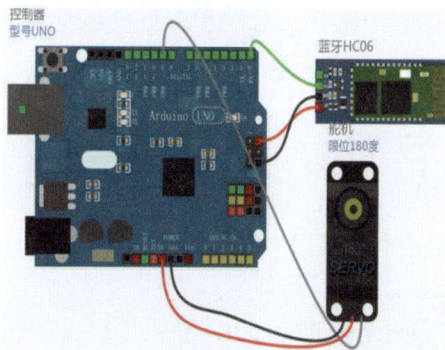

图4.53

图4.54

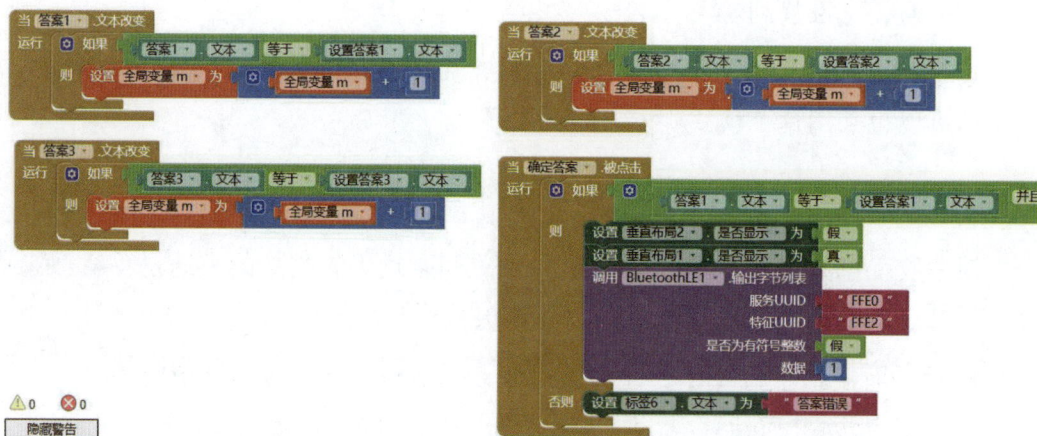

图4.55

● 创新点

① 捡到物品后使用手机APP打开柜门存放物品，设置关于物品的问题，不需要进行纸质登记。

② 失主自主通过手机APP回答问题，回答正确即可取出物品，不需要人员进行询问和查找物品。

③ 失物招领箱柜门开关、存物和取物完全通过手机控制，不需要人员管理。

案例14　手摇发电可测显电压机

昆山市柏庐实验小学机器人创新工作室　金　鑫

● 发明名称

手摇发电可测显电压机。

● 发明背景

日常生活中难免会停电，可是现在大家都离不开电。想设计一台手摇发电机，但是无法确定发电的电压。

学校电工修电路，会用到电压表测量电压。初中物理讲解过有关电路的知识，能不能设计一款既能发电又能测量电压和显示电压值的仪器呢？

● 设计原理

通过手摇装置利用电磁感应原理发电，当导体切割磁力线时，产生感应电动势，形成闭合回路则产生感应电流，通过发光二极管显示对应电压值（图4.56）。

① 产生的感应电流方向与切割磁力线的方向有关。

② 产生的电压高低与摇动手柄的快慢有关，摇得快，产生的电压高，发光二极管亮得多，反之则少。

③ 可以实现电能和机械能的相互转换。

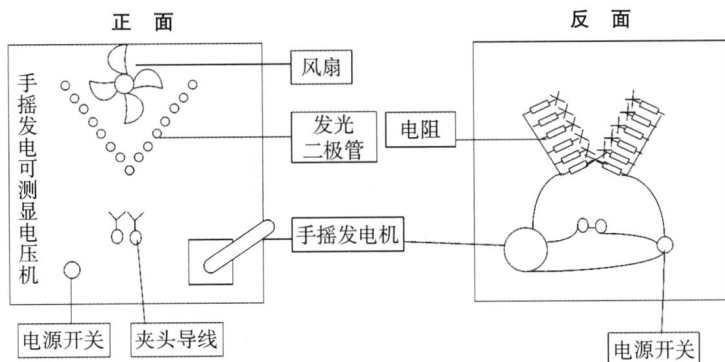

图 4.56

● 制作过程

① 截取360mm × 330mm的木板1块。

② 用电烙铁和热熔胶连接电阻和二极管（图4.57、图4.58）。

③ 在木板合适位置安装小风扇和手摇装置（图4.59、图4.60）。

④ 在发光二极管相应位置贴好对应的电压数值（图4.61）。

⑤ 安装支架及支架座，将电压机固定在木板上，保持平衡（图4.62）。

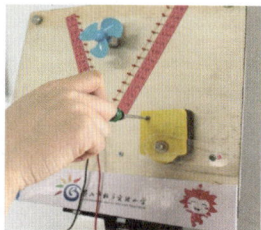

图4.57

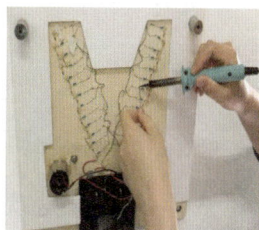

图4.58

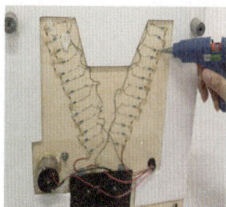

图4.59

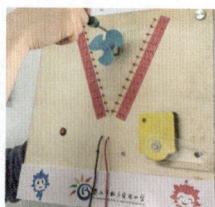

图4.60

图4.61

图4.62

● 创新点

1. 科学性

直观展示出直流发电机的电源极性及发电的电压与外力做功有关（摇动手柄的快慢）。

2. 新颖性

基于二极管的单向导电性及分压原理，利用发光二极管定量显示发电电压的高低及电源极性。通过外接接口还可以当作简易直流电压表，比如把两根接线夹随意接在电路上就可以测量电压的高低及极性（不用摇动手柄）。另外，把接线夹夹在用电器上，还可输出电能（如接电风扇使其转动）。

3. 实用性

不仅可以作为教学用具用以教学演示，还可以作为简易直流电压表（特点是不怕接错，传统指针电压表反接时指针会损坏），甚至还可以作为应急电源。

案例15

智能防疫门禁

甘肃省天水市张家川县
胡川镇中学初中创客张亮名师工作室　张　亮　马　斌

● **发明名称**

智能防疫门禁。

● **发明背景**

疫情期间，小区的疫情防控工作尤为重要，社区工作人员会承担繁重的工作任务。基于这个出发点，设计制作了智能防疫门禁，可以很好地保护社区工作人员的安全，减轻他们的工作负担。

● **功能设计**

1. 口罩识别功能

识别进入小区的人是否佩戴口罩，如果佩戴口罩，语音播报系统会提示："您已佩戴口罩"；如果没有佩戴口罩，语音播报系统则会发出提醒："请佩戴口罩"，并禁止其入内。

2. 通行卡识别

在检测人员已经佩戴口罩的情况下，可以通过刷通行卡进入小区。

3. 小区人数统计功能

在小区门口安装1602液晶显示器，实时显示进出小区人数。

4. 废弃口罩回收功能

按照小区物业的要求，废弃口罩要丢弃到指定的专用垃圾桶内，垃圾桶内安装紫外线消杀装置，人们将废弃口罩丢入其中且离开后，紫外线消杀系统会自动开启，对废弃口罩进行杀菌消毒，防止疾病传播。

● **材料清单**

① 工具：热熔胶枪、吸管、裁纸刀、橡皮泥。

② 电子模块：Arduino主板、I^2C级联扩展模块、语音合成模块、舵机、超声波传感器、RGB灯、NFC模块。

③ 编程软件：Mind+。

● 制作过程

① 口罩识别功能：首先让人工智能摄像头学习口罩的外观，在工作状态时，人工智能摄像头会检测前方物体是否为口罩，如果为口罩则识别为已经佩戴口罩。

② 通行卡识别：使用NFC模块模拟通行卡，当检测人员已经佩戴口罩并且NFC卡已经录入程序，则可以进入小区。

③ 人数统计功能：在程序中设置人数变量，当检测为已经佩戴口罩的人员进入后变量增加1，当通过按钮打开门离开后人数减1。

④ 废弃口罩回收功能：通过超声波传感器检测垃圾桶与前方物体的距离，人靠近时，垃圾桶自动打开盖子，待人丢入废弃口罩离开后，盖子自动关闭，并启动杀菌灯消毒。

制作过程如图4.63～图4.65所示，最终应用效果如图4.66所示。

图4.63　制作外观

图4.64　调试程序

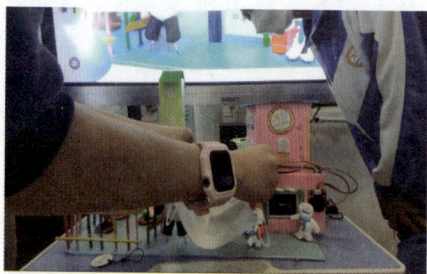

图4.65　测试项目

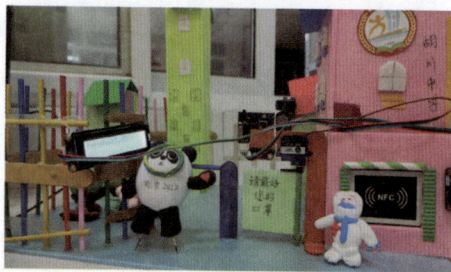

图4.66　最终效果

本项目结合疫情防控的大背景，利用人工智能技术简化小区疫情防控的基本工作流程，实现了检测人员是否佩戴口罩、废弃口罩回收等功能。设计还存在许多不足，在后期的改进中，考虑加入体温测量等功能，让整个流程更加合理，更加符合实际情况。

小学校园漂流书吧

宿松县城关小学晨晓阳光　徐海东

● 发明名称

小学校园漂流书吧。

● 发明背景

来到图书馆借书，我踮起脚找、俯下身寻，找来凳子垫脚找最上面、半跪在地板找最下面，大汗淋漓，终于找到了想要的书（图4.67、图4.68）。"作为'书香校园'的一员我可以称为合格书香学生，可这图书架真不适合'书香校园'。"我自言自语道。没想到被校长阿姨听到了："那你觉得'书香校园'的图书架是什么样的呢？""如果我想要的书能在眼前，不需要我爬上爬下翻找就好了。"我不好意思地说。"你能想办法解决这个问题吗？"

图4.67　　　　　　图4.68

● 设计思路

经过讨论，同学们想要的书架是这样的：

① 需要的图书能方便移动到眼睛平视的地方，并且方便取下、归还。

② 书架的书分类合理，能快速找到需要的书，最好能看到封面。

③ 书架不大，但书的数量不少，可以在平行班级间流动。

● 资料收集

1. 平视时的高度

小学生的身高在110～130cm，也就是说眼睛平视时高度在110～120cm。

2. 书 目

根据科学调查体验活动小组的调查信息，结合老师推荐的书目，发现同学最喜欢漫画类图书，其次是故事类、涂鸦类、科技科创类、手工制作类、经典名著类。

● 制作过程

1. 思考过程

在公园看到摩天轮，我的灵感一下子来了，这不就是我需要的图书架吗？座位的地方放书，只要转动书架，无论什么身高，都能在视平线处找到需要的图书。

经过讨论，我们给书架装上4个万向轮（图4.69），这样图书就能从图书室走进不同的班级，走向操场旁、亭子里、花坛边……真正让图书"漂"起来。

根据视平线、书的高度、收纳书的数量等因素，完善作品。

图4.69

2. 制作过程

① 根据最新的小学语文教材书的高度260mm、宽度184mm，画出草图，并制作模型作品（画图及制作第一代模型，图4.70～图4.73）。

图4.70

图4.71

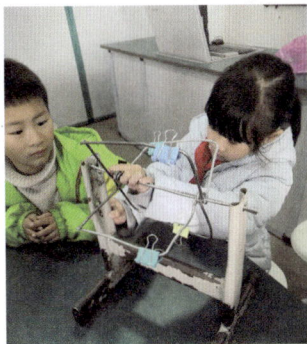

图4.72

图4.73

② 在老师的帮助下，进一步完善各部件的尺寸（图4.74 ~ 图4.77）。

③ 请来专业师傅，制作出作品（图4.78 ~ 图4.80）。

图4.74

图4.75

图4.76

图4.77

图4.78

图4.79

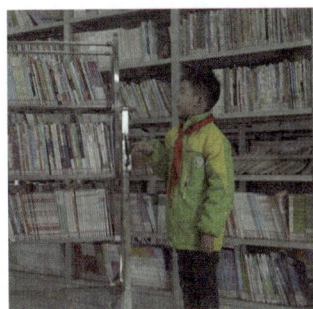

图4.80

● 创新点

① 把图书分为6大类，每一类用一种颜色表示，根据上面的文字或颜色能很快找到需要的类别，上下转动书架，图书能很快移动到视平线处。

② 物理特性重力竖直向下，书架在旋转过程中，图书总是朝下的，排列整齐，不会凌乱，易整理。

③ 把万向轮抬起来，书架就能在校园内移动，拖到目的地，按下万向轮就能固定使用。解决阅读书籍最后一米距离的问题，让图书从小处"漂"起来。

④ 还有一种摆放方式，图书摆在书架上，封面朝外排列，这与图书室书柜里的摆放完全不一样，同学在选择图书时，可以看到图书的封面，迅速找到自己喜欢的书。

● 改进方向

① 由于每一格的图书不可能一样多，轻的格会向上跑，借阅时转动不方便，可以借鉴固定轮毂原理，书架不动时闸皮压紧，在大轮圈上装6个把手，向下拉轮圈时正好压住把手，闸皮弹松，书架正常上下转动。

② 可以在书架上增加涂鸦板、留言板等，让书架更美观！

案例17

自动调温火锅

合肥市蚌埠路第五小学人工智能工作室　夏汝林　张盼盼

● **发明名称**

自动调温火锅。

● **发明背景**

每次去火锅店吃火锅，总是要喊服务员很多次，让其帮忙调节火锅的温度。这款自动调温火锅，可以根据锅内温度，自动加热或保温，方便大家更好地享受舌尖上的美味。

● **设计原理**

使用Arduino主板连接温度传感器、液晶显示屏和LED灯，温度传感器实时检测锅内温度，液晶显示屏实时显示锅内温度及加热时的功率，如果已达到沸腾时的温度，切换成保温模式（绿灯亮），如果未达到设定的温度，则开启加热模式（红灯亮）。

● **制作过程**

1. 硬件搭建

用黑色卡纸将废旧的纸盒包装好，预留3个孔，嵌入液晶显示屏、LED灯和温度传感器，填上相关标识，将Arduino主板和电源放入纸盒里，接线。最后将锅放置在纸盒上，固定好温度传感器。

2. 硬件连接（图4.81）

Arduino主板		液晶显示屏	温度传感器	LED灯（红灯）	LED灯（绿灯）
GND		GND			
5V		V_{cc}			
A5	连接	SDA			
A4		SCL			
A0			温度传感器		
A6				LED灯（红灯）	
A7					LED灯（绿灯）

图4.81

3. 编写程序

用图形化编程软件米思齐编写程序（图4.82）。

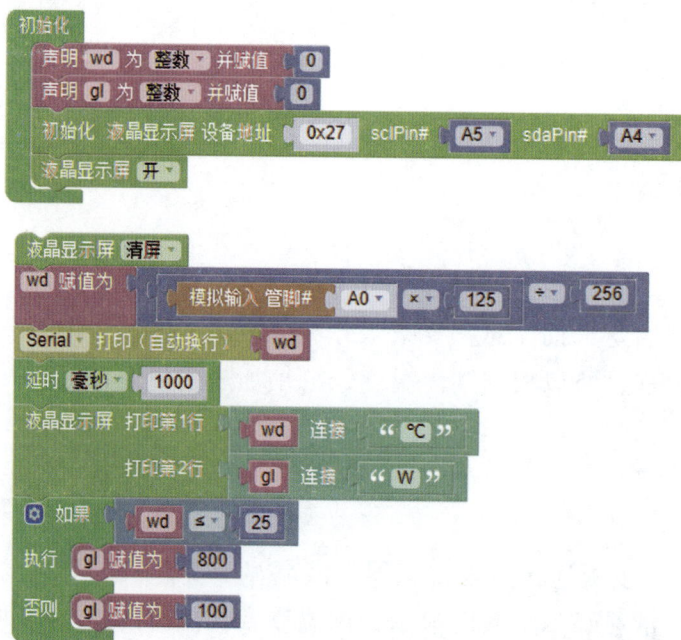

图4.82

● 创新点

① 有实用价值，可以解决实际问题。

② 制作简便，原理简单，零件普遍，易于实现。

案例18 智慧农场智能管理系统

威海市文登区青少年电脑机器人实践基地

● 发明名称

智慧农场智能管理系统。

● 发明背景

① 麦克纳姆轮是车辆发展的新方向，绿色能源、节能减排是未来的研究方向。

② 智能管理系统全面进驻智慧农场。实现能量转化利用，节约能源，避免浪费。智能搬运系统360°无死角运行。

③ 无人机空中巡查，机器人安全巡逻系统让智慧农场更具有安全性。

④ 智能鸡舍的运用让生活水平有了质的飞跃。

● 设计思路

智慧农场智能管理系统将智能控制与风能利用相结合，主要实现以下功能：

① 能源系统大数据控制及利用。

② 智能管理系统和机械系统的协作。

③ 农场智能管理系统。

④ 物流搬运系统。

⑤ 机器人安全巡逻及无人机空中巡查系统。

● 材料清单

麦克纳姆轮、主控板、供电设备、舵机控制器、导线若干、Wi-Fi接收器、无人机系统。

● 制作过程

① 组装智能管理系统（图4.83）。

② 调整搬运系统（图4.84）。

③ 连接控制器（图4.85）。

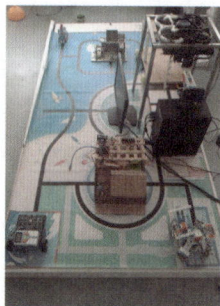

图4.83

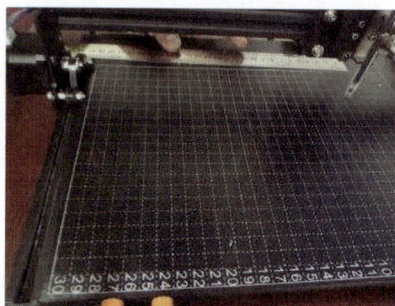

图4.84

图4.85

④ 作品效果图（图4.86、图4.87）。

图4.86

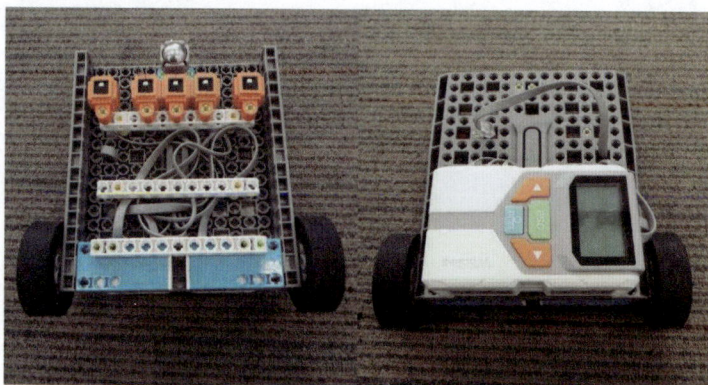

图4.87

● 作品创新点

1. 菱形车辆移动原理

如图4.88、图4.89所示，采用四轮组装模式，麦轮指向中心，合力满足平行四边形法则，合力沿对角线方向。如果二力平衡，车辆会沿角平分线方向行进。三力的合力先分析二力合力，再进行二次合力。三力的合力理论上车辆是向第四个力的方向运动。

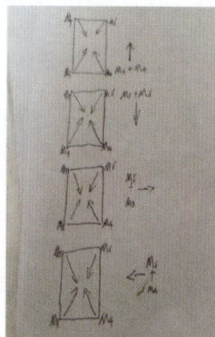

图4.88

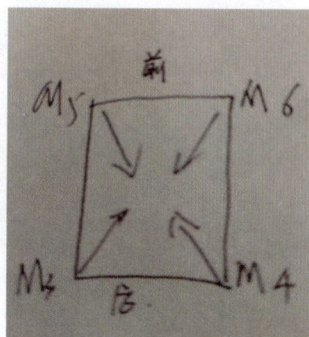

图4.89

2. 机器人配置

机器人具体配置如图4.90所示。

3. 软件编程

软件编程示例如图4.91~图4.93所示。

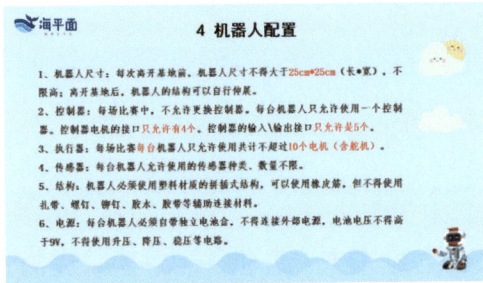

图4.90

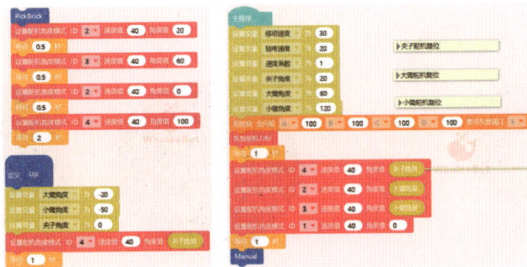

图4.91

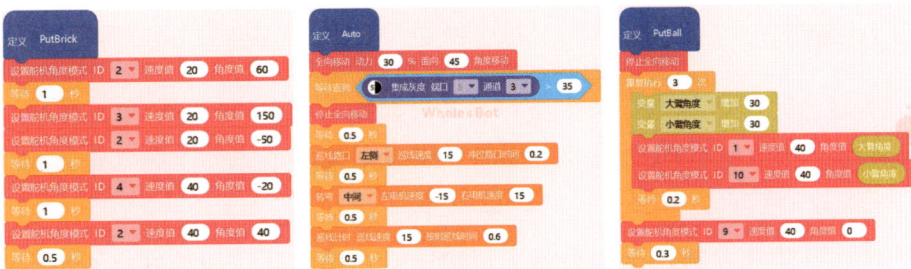

图4.92

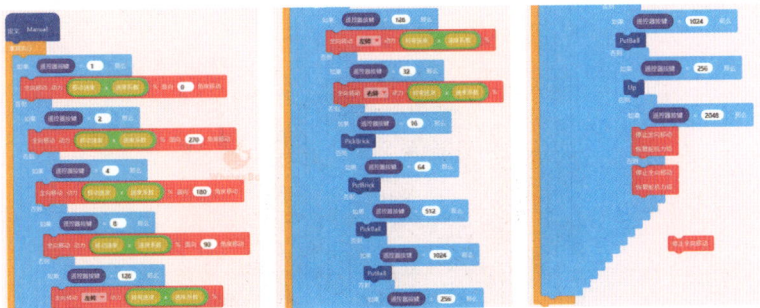

图4.93

未来太空车

辽宁省辽阳灯塔市
柳河子镇九年一贯制学校　隋莲芝　李德权　张忠志

● 发明名称

未来太空车。

● 材料清单

N20减速电动机1个（额定电压3V、额定转速100r/min）、CR2032电池2个、车体、车轮、开关、电池底座、齿轮、轴、固定胶圈、防滑套、薄木板、双面胶、热熔胶枪、吸管、剪刀（图4.94）。

图4.94　电动机及电池

● 制作步骤

① 明确太空车的规格和要求，长、宽、高不超过20cm×20cm×25cm，质量不超过300g。动力系统的电动机和电池采用指定型号，主体及相关部件由学生自行设计、组装，保证作品的稳定性和功能等。

② 确认提供的材料数量和规格，根据已有条件组装，包括动力系统、车体结构、电子元件和防滑套等（图4.95）。

图4.95

③ 调试太空车，优化设计，完成作品。检查太空车的尺寸，调整发动机的位置，优化齿轮的啮合度等（图4.96）。

图4.96

④ 明确比赛规则，在赛道进行实验测试，挑战越障高度（图4.97）。

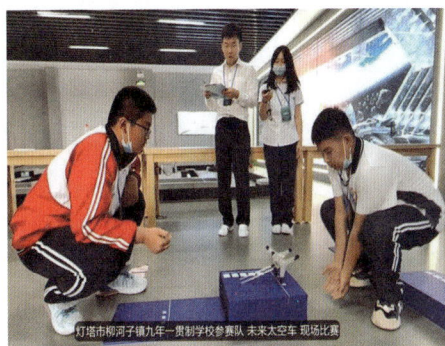

图4.97

● 安全事项

① 注意合理使用热熔胶枪，防止烫伤或粘伤。

② 注意使用螺丝刀等尖锐工具时不能对着自己或他人的眼睛。

● 成果评价

① 从未来太空车的结构稳定性、越障高度和作品规格是否合格等方面对作品进行评价。

② 将学生的制作过程纳入评价内容，比如制作前材料准备是否充分，制作过程是否合理使用工具，是否具有节约材料的意识等。

案例20

智能浇花系统

北京市丰台区怡海中学　徐启发

● **发明名称**

智能浇花系统。

● **工具与材料**

Arduino主板、电机驱动板L298、土壤湿度传感器、抽水泵、液晶屏、橡胶水管、若干杜邦线（图4.98）。

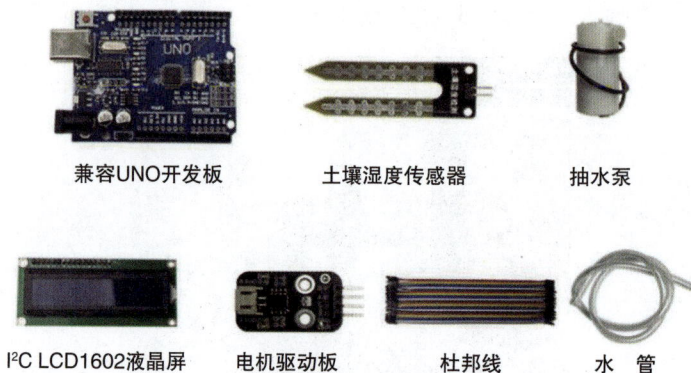

兼容UNO开发板　　　土壤湿度传感器　　　抽水泵

I²C LCD1602液晶屏　电机驱动板　　杜邦线　　水　管

图4.98

● **制作过程**

① 用Mixly软件编写控制土壤湿度传感器的程序，然后将程序写入Arduino主板。

② 用杜邦线把Arduino主板与电机驱动板L298、抽水泵、土壤湿度传感器等连接在一起。

③ 当土壤湿度传感器检测到土壤干燥的状况后，通过Arduino主板把浇水指令传输给相应元件，驱动电机运动，实现自动智能浇花（图4.99）。

图4.99

● **安全事项**

① 使用Arduino主板前要先进行培训，掌握使用方法后，在指导老师的陪同下使用。

② 注意元件的正确使用方法，元件正负极不要插反，防止触电。

③ 组装成功后，要在开阔的场地进行实验。

● **成果评价**

此项发明非常有创意，经过对现实生活的细致观察，动手制作非常实用的智能浇花系统，把奇思妙想变成可运行的产品，让生活更加美好，同时培养了学生的创新思维，提高了学生的动手实践能力。

第 5 章

综合科学实践类
实践活动

案例1　传承古法酒曲，酿造醇美生活

安徽省池州市贵池区城关小学科学工作室　陈义平　张红俊　柯春利

● 活动名称

传承古法酒曲，酿造醇美生活。

● 活动背景

池州——滨江之城，不仅以山水闻名，生态著称，更以佛教、诗词、酿酒文化名闻天下。"借问酒家何处有，牧童遥指杏花村。"见证了其诗酒文化的源远流长。秋冬时节，小城的大街小巷弥漫着甜酒浓浓的醇香，令人倍感温暖！

洁白清亮的甜酒，香甜爽口的美食，引起了学生的好奇，这醇香的甜酒是怎样酿制而成的呢？为了进一步提升学生的科学素质，我们决定引导学生开展"传承古法酒曲，酿造醇美生活"科技实践活动，促使他们学会在生活中学习、在实践中学习、在探究中学习；继承和弘扬中华优秀传统文化，坚定文化自信；培养科学兴趣，增强创新意识，提高综合能力。

● 活动目标

1. 知识与能力

学生通过调查、实验、收集、处理信息等实践活动，掌握古法酒曲的制作方法，了解甜酒的酿造原理，养成严谨认真的科学态度和乐于思考的科学品质，培养团结协作探究的能力。

2. 过程与方法

学生通过查阅资料、拜访艺人、听专家讲座、参观企业、制作酒曲、酿造甜酒、开展葡萄糖转化乙醇的实验等实践活动，了解中华酿酒文化以及甜酒酿造原理。在实践过程中培养学生的观察能力、动手能力，促进思维发展。

3. 情感、态度与价值观

学生通过科技实践活动，感受中华优秀传统文化的无穷魅力，坚定文化自信，树立科学意识，培养科学兴趣和探究精神。

● 活动对象与人数

城关小学科技实践活动社团全体成员，160人。

● 活动时间

2021年5月～2021年11月。

● 活动内容

1. 准备阶段

① 学情调查。

② 小组组建。

③ 拟订方案。

④ 准备器材。

⑤ 联系协作。

2. 实施阶段

① 查阅资料，初步了解关于酿酒的知识、饮酒礼仪及与酒有关的历史故事、诗词歌赋。

② 拜访当地古法酒曲制作工艺的传人，学习传统酒曲的制作方法，认识使用的草药。

③ 古法酒曲的制作与探究。

④ 分享与酒有关的故事和诗词。

⑤ 酿造甜酒的实践与甜酒品鉴。

⑥ 开展科学实验，探究酿酒原理。

⑦ 参观九华山酒业股份有限公司。

⑧ 设计实践作业。

3. 成果展示宣传及总结表彰阶段

● 活动资源

① 活动场所：学校、家庭、乡村、田野、池州市科技馆、酿酒企业等。

② 参考资料：相关书籍、报纸、杂志及网站等。

③ 活动器材：探究任务单、活动记录手册、酒精计、温度计、湿度计、放大镜、量筒、烧杯、葡萄糖等。

● 活动过程（步骤）

① 准备阶段（5月上旬至6月中旬）。制定活动方案，开展基础性调查研究工作，与酿酒企业领导、科技馆专家、古法酒曲制作工艺传人、家长沟通，准备材料和器材等（图5.1～图5.2）。

图5.1　开展活动可行性研究　　图5.2　家长知情告知书

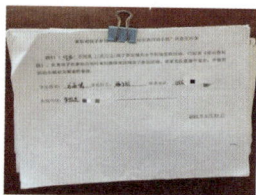

② 实施阶段（6月下旬至11月上旬）。查阅资料，拜访古法酒曲制作工艺传人，组织开展讲座、培训、实地调研与学习、实验探究、展示交流、设计实践作业等活动（图5.3～图5.14）。

图5.3　上网查阅资料

图5.4　拜访古法酒曲制作工艺传人

图5.5　寻找制作酒曲的草药

图5.6　找到草药

图5.7　认识酒曲

图5.8　制作酒曲

图5.9　观察酒曲

图5.10　酿造甜酒之拌曲

图5.11　酿造甜酒之装坛

图5.12 品尝甜酒　　　图5.13 葡萄糖转化乙醇实验　　　图5.14 参观酒厂

③ 总结阶段（11月中下旬）。学生整理活动资料，撰写报告，汇报活动收获，进行成果展示宣传及总结表彰（图5.15、图5.16）。

图5.15 撰写报告

图5.16 总结表彰

● 活动预期效果与呈现方式

学生通过科技实践活动，学习传统酒曲的制作方法和甜酒的酿造原理，养成严谨认真的科学态度和乐于思考的科学品质，培养团结协作探究的能力。通过科技实践活动，学生感受中华优秀传统文化的无穷魅力，坚定文化自信，树立科学意识，培养科学兴趣和探究精神。

在实践过程中，科技社团的活动成果通过不同的形式、途径进行展示。学生们的10多篇相关文章在《池州日报》、池州新闻网上发表，除了在贵池区城关小学微信公众号上推送有关活动的信息外，还受到《池州日报》、池州市教育和体育局微信公众号、池州市科学技术馆微信公众号、中国科协官网等媒体报道、转载。从10月底开始，同学们对整个活动过程中的资料进行收集、汇总与整理，并以专题汇报发言、图片展览、活动视频等形式将实践成果在学校宣传栏、班班通及学校钉钉群、微信公众号进行全面推送，与全校师生及家长分享，受到社会各界的广泛好评（图5.17～图5.26）。

图5.17 《池州日报》报道

图5.18 中国科协官网转载

图5.19 池州科技馆公众号转载

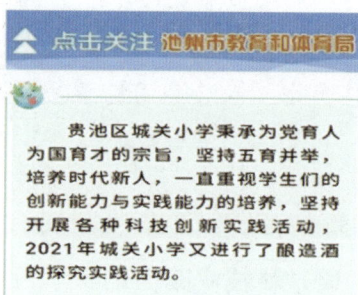

图5.20 池州市教育和体育局公众号转载

图5.21 城关小学微信公众号推送

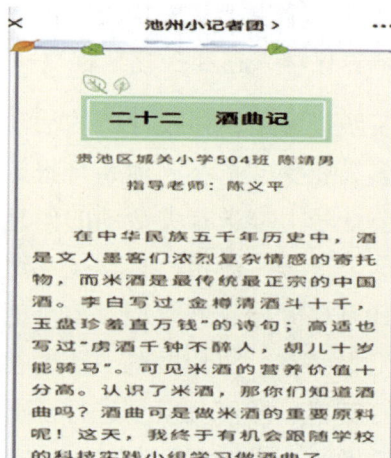

图5.22 学生发表的相关文章1

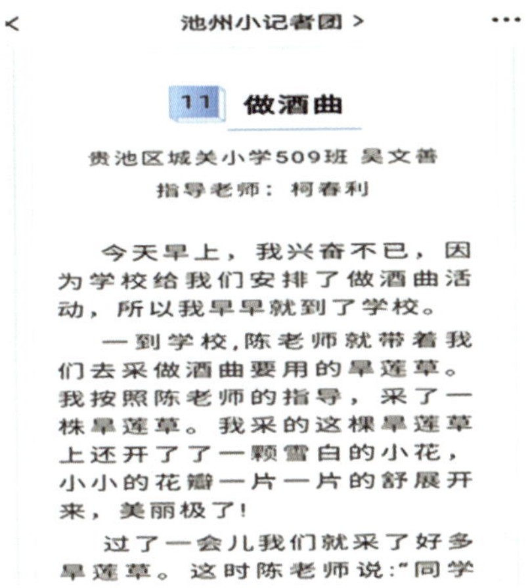

11 做酒曲

贵池区城关小学509班 吴文善

指导老师：柯春利

今天早上，我兴奋不已，因为学校给我们安排了做酒曲活动，所以我早早就到了学校。

一到学校，陈老师就带着我们去采做酒曲要用的旱莲草。我按照陈老师的指导，采了一株旱莲草。我采的这棵旱莲草上还开了了一颗雪白的小花，小小的花瓣一片一片的舒展开来，美丽极了！

过了一会儿我们就采了好多旱莲草。这时陈老师说："同学

图5.23　学生发表的相关文章2

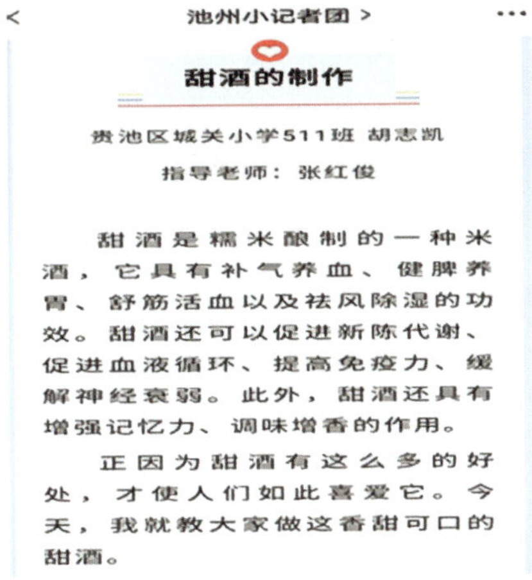

甜酒的制作

贵池区城关小学511班 胡志凯

指导老师：张红俊

甜酒是糯米酿制的一种米酒，它具有补气养血、健脾养胃、舒筋活血以及祛风除湿的功效。甜酒还可以促进新陈代谢、促进血液循环、提高免疫力、缓解神经衰弱。此外，甜酒还具有增强记忆力、调味增香的作用。

正因为甜酒有这么多的好处，才使人们如此喜爱它。今天，我就教大家做这香甜可口的甜酒。

图5.24　学生发表的相关文章3

图5.25　在宣传栏展示活动成果

图5.26　活动成果交流分享

● 活动评价

根据学生参与活动的态度、行为、能力及活动记录情况，结合《科技实践活动成员总体定性评价表》和《关于本次活动收获的调查》答卷对每位成员进行全面评价，为表现优秀的成员颁发奖状，给予鼓励。

● 收获与体会

学生通过系列活动，对传统酒曲的制作和甜酒的酿造有了全面系统的认识，真正明确了科学探究的过程：聚焦问题、提出假设、设计实验和调查报告、收集数据、分析数据、得出结论。教师通过活动的组织与实施，很好地锻炼了策划、组织活动的能力，掌握了正确引导学生进行科学探究的方法。

案例2　基于STEM的月球基地搭建

嘉善县吴镇教育集团泗洲小学三一科技工作室　俞梁坤　谢小立

● 活动名称

基于STEM的月球基地搭建。

● 活动背景

探月工程是我国迈出深空探测第一步的重大举措和零的突破。被称为"嫦娥工程"的中国探月工程于2004年起步，正式开始了我国对月球的自主观察和探索。嫦娥工程分为"无人月球探测""载人登月"和"建立月球基地"三个阶段。探月工程一期、二期、三期项目，已经初步完成对于月球的绕、落、回三步。2020年12月17日，"嫦娥五号"返回舱携带月壤样品，采用半弹道跳跃方式再入返回，在内蒙古四子王旗预定区域安全着陆。探月工程的伟大成就极大地鼓舞了青少年学习航天知识的热情。全国青少年航天创新大赛中的月球探索创意比赛，旨在激发学生学习航天知识的兴趣，发扬青少年创新思维，让"航天梦"成为激发青少年奋进的力量。

● 活动目标

航天科技教育是前沿科技创新教育之一，融合科技和人文，弘扬中国航天精神，培养科技创新人才。利用学校有限的实验材料开展本次月球基地搭建挑战赛，目标如下：

① 感受科学，把更多的科学带给青少年，在青少年的心中种下热爱科学的种子。

② 传承文化，将中国五千年的传统文化融入科学课程中，传承祖先的智慧。

③ 突破自我，给孩子一个创想的未来，让他们将来成为社会创新的原动力。

● 活动对象与人数

五年级、六年级学生，12人。

● 活动内容

1. 准备阶段

① 学习月球表面知识，了解月球环境。

② 小组分工，设计、搭建模型。

2. 基地设想

① 水：月球的某些区域有水冰。我们将派机器人开采水冰，并将水冰运回基地。此外，所有使用的水都将进入循环系统，得到充分利用。

② 食物：通过运载火箭将脱水食品运送到月球基地，此外，还将在基地尝试无土栽培蔬菜，为航天员提供新鲜蔬菜。

③ 电：可以利用月球上丰富的太阳能，建设一个大型太阳能发电站，并通过电解水得到人类生存所需的氧气。

④ 空气：科学家已经找到一种利用太阳能从月球土壤中提取氧气的方法。我们将加热月球土壤产生氧气供航天员呼吸，产生的二氧化碳可以供应给水培蔬菜。

● 活动资源

① 活动场所：科技馆实验室。

② 参考资料：相关书籍、报纸、杂志及活动记录手册等。

③ 准备器材：积木、各种手工材料、探究任务单、电脑、相关工具等。

● 活动过程（步骤）

1. 准备阶段（4月1日～4月7日）

制定活动方案，开展基础性学习，熟悉材料和工具。

2. 实施阶段（4月8日～4月14日）

小组讨论，制作基地模型（图5.27、图5.28），解决相关问题。

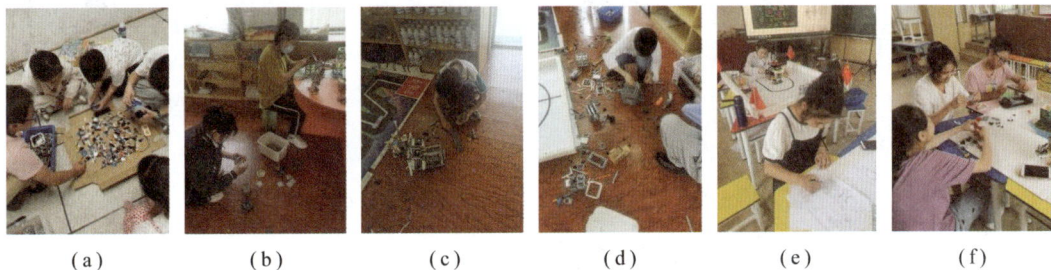

（a）　　　　　（b）　　　　　（c）　　　　　（d）　　　　　（e）　　　　　（f）

图5.27

图5.28

3. 总结阶段（4月15日～4月30日）

完善基地模型（图5.29～图5.34），整理活动资料，撰写报告，汇报活动收获和心得体会。

图5.29

图5.30

图5.31

图5.32

图5.33

图5.34

● 活动预期效果与呈现方式

组织学生进行活动总结，撰写活动报告，在拓展课或课后服务上分小组进行交流，分享设计心得，创新模型。

案例3 红领巾心向党，科技世界任我游

新闻中心小学人工智能科学工作室　李庆华

● 活动名称

红领巾心向党，科技世界任我游。

● 活动目标

通过举办科技节，进一步提高学生的科技实践能力，激发学生爱科学、学科学、用科学。

● 活动内容

1. "东方红一号"纸杯飞行器比赛（图5.35）

① 用两个一次性纸杯制作纸杯飞行器，不能撕、粘、剪、订、悬挂重物。每个纸杯飞行器在20分钟内完成制作，一次性纸杯可以自带。

② 参赛选手须在规定比赛场地内进行制作和投掷比赛，比赛不设助手。

③ 参赛选手在投掷纸杯飞行器时不得跨过起点线，越过起点线者，成绩无效。

④ 纸杯飞行器最终落地的位置到原点的直线距离记为比赛成绩。

2. "天问一号"纸杯高塔比赛（图5.36）

① 各队自备纸杯，要求纸杯高塔外形美观，结构合理，有创意，科学性与艺术性相结合。

② 比赛限时40分钟，每组2名选手。组委会统一宣布比赛开始，学生在规定的时间内完成纸杯高塔的搭建。

图5.35

图5.36

3. 我身边的科学：变废为宝创意设计（图5.37）

倡导环保、节约、低碳意识，利用身边的废弃物制作一件小作品。作品要突出实用性，外形美观、牢固。

图5.37

案例4 畅享Wi-Fi多便利

安徽省芜湖市凤凰城小学梧桐科创工作室 徐海宝

● 活动名称

畅享Wi-Fi多便利。

● 活动说明

围绕认识Wi-Fi、连接Wi-Fi开展实践活动，让学生感受Wi-Fi的便利。通过学习连接Wi-Fi，学生认识到要正确使用无线网络，同时要注意网络安全。

● 活动目标

1. 价值体现

① 会使用但不依赖手机和网络，感受生活中Wi-Fi带来的便利。

② 激发学生对信息技术的好奇心，培养学生寻找和发现身边新知识的习惯。

2. 责任担当

① 认识什么是Wi-Fi，了解Wi-Fi的名称、密码等相关知识。

② 了解Wi-Fi的广泛应用，认识到要安全合理使用Wi-Fi。

3. 问题解决

① 正确打开网络侧边栏，查看网络状态。

② 能连接Wi-Fi，正确输入Wi-Fi密码。

4. 创意物化

学习将已经连接的Wi-Fi利用二维码"锁定"下来，方便再次使用。

● 活动对象

小学三、四年级学生。

● 活动资源

1. 教师端

实践活动在网络机房开展，机房需要具备无线上网条件并提供多个Wi-Fi信号。教师端安装雨课堂平台（或其他在线学习平台，如101PPT等），准备好相关课件、微课、检测习题。

2. 学生端

学生用手机（或平板电脑）登录学习平台。

● 活动过程

1. 过程提要

① 导入：问题启发，引入新课。

② 认识Wi-Fi：观察讨论，学习资料。

③ 连接Wi-Fi：自学视频，动手操作。

④ 畅谈Wi-Fi：启发引导，集体讨论。

⑤ 畅想Wi-Fi：观看视频，集体讨论。

⑥ 学习检测：手机答题，当堂统计。

⑦ 创意活动：自学尝试，合作学习。

2. 活动过程（表5.1）

表5.1　活动过程

活动环节	活动安排	活动意图
导　入	同学们，有没有听过这样一句话：世界上最遥远的距离是没有Wi-Fi 板书：Wi-Fi标志，手机标志 今天我们一起畅享Wi-Fi多便利，板书课题	直接导入，渗透手机与Wi-Fi的广泛应用，引出本课活动

活动环节	活动安排	活动意图
认识Wi-Fi	1. 认识Wi-Fi 同学们认识这个标志吗？（Wi-Fi标志） 教师讲解：Wi-Fi是一种无线局域网（WLAN）技术（局域网是区域较小的网络，如一个学校或者一栋大楼等，组成一个计算机网络），Wi-Fi通常是有密码保护的，也可以是开放的，不用密码 2. 认识无线路由器 取出实物，让学生观察无线路由器 教师讲解：无线路由器是提供Wi-Fi服务的设备，可以用无线的方式替代网线连接设备，如智能手机、笔记本电脑等，工作距离在5米以内至300米以内，室内使用时，建筑物墙体十分影响无线信号的传输 3. 认识无线上网设备 哪些设备可以实现无线上网？ 投票：可以使用Wi-Fi的设备（手机、笔记本电脑，智能家电如台灯、洗衣机等，也可以利用Wi-Fi开启智能模式） 教师讲解：具有无线网卡的信息设备有智能手机、平板、笔记本电脑、配有无线网卡的台式电脑等	通过学习了解网络知识 观察实物，获得无线上网的直接感受 拓宽思路，渗透智能设备相关技术
连接Wi-Fi	同学们，笔记本电脑如何连接Wi-Fi呢？下面我们学习连接Wi-Fi 1. 查看Wi-Fi状态 观看操作视频 查看自己电脑的Wi-Fi状态 了解Wi-Fi连接示意图 2. 连接指定Wi-Fi 观看操作视频 教师在机房准备了Wi-Fi网络，请大家尝试连接 Wi-Fi名称：ceshiWiFi 密码：12345678 自学微课（图5.38），动手操作 3. 切换回原来的Wi-Fi连接 Wi-Fi名称：pbjs	上机操作 观察判断，做出对应上机操作 利用手机课件辅助电脑操作
畅谈Wi-Fi	开展Wi-Fi相关的讨论 1. 你会将家里的Wi-Fi提供给别人用吗？ （熟人之间可以分享，陌生人使用家里Wi-Fi会有风险） 2. 你会蹭免费Wi-Fi吗？ （免费Wi-Fi谁都可以建立，正规单位的Wi-Fi可以使用，但不要利用此Wi-Fi进行手机支付等敏感操作；陌生Wi-Fi应拒绝使用，存在极大安全隐患） 3. 你对于使用Wi-Fi还有哪些建议？ 交流使用Wi-Fi的原则（安全上网、保护隐私）	开展反思和集体讨论，在观点碰撞中获得更加深刻的认识和体会，开展网络安全教育

活动环节	活动安排	活动意图
畅谈Wi-Fi	观看漫画，思考漫画中表达的问题 （家庭团聚时大家忙于手机平板上交流，面对面时却不交流了） 1. 同桌讨论，分析问题出现的原因，你愿意做些什么？ （讨论手机和网络环境下，怎样保持密切的沟通？） 人不应被手机所隔离，不应依赖、沉迷于手机和网络 积极利用手机，保持交流互动，拉近彼此的距离 2. 回家和家人讨论、分享今天的漫画	思考手机与网络的合理使用，体会技术服务生活，发挥手机与Wi-Fi的优势，不沉溺于手机与网络
畅想Wi-Fi	观看视频（手机控制、机器人技术等） 你喜欢这样的生活吗？你还期待哪些新变化？ 集体讨论，并同时发送弹幕交流	启迪思维，展望未来的智慧生活
学习检测	手机完成Wi-Fi学习测评 师生集体互评 请学生总结今天的收获，发表自己的感想 怎样帮助家中长者使用Wi-Fi？	及时评测学习状态 反馈学习情况 反思与小结
创意活动	二维码分享Wi-Fi 1. 打开联图网www.liantu.com，录入Wi-Fi账号信息生成二维码，及时保存二维码图片，可以实现扫码连接Wi-Fi 2. 已经连接Wi-Fi的手机，可以利用二维码分享Wi-Fi，其他手机可以利用支付宝（或自带相机）扫码，实现快速连接Wi-Fi （部分手机可能不能直接连接Wi-Fi，可以扫码获得Wi-Fi密码后手动连接）。 自学尝试，小组合作学习	利用二维码分享Wi-Fi，提升操作的便利。在实际应用中，遇到不能直接扫码连接Wi-Fi时，尝试手动连接，培养学生解决生活中真实问题的能力

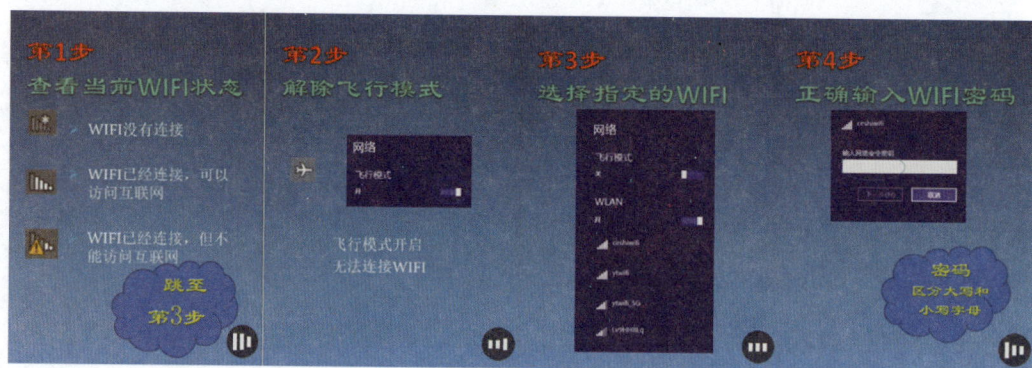

图5.38　微课《四步连接Wi-Fi》截图

案例5　变废为宝，创意种植

山东省淄博市张店区华润实验小学创意制作科学工作室　解福香

● 活动名称

变废为宝，创意种植。

● 活动背景

2020年国务院颁布《关于全面加强新时代大中小学劳动教育的意见》，分别从新时代开展劳动教育的新要求、构建体现时代特征的劳动教育体系、广泛开展劳动教育实践活动、着力提升劳动教育支撑保障能力以及切实加强劳动教育的组织实施五个方面提出了总体架构。劳动教育不仅能够激发学生的学习积极性，转变学习思维方式，还能提升学生的劳动技能；在教师方面，教师的劳动研发能力，教师的科研整合能力都会得到有效提升。

作为劳动教师，如何选取适合小学生的劳动教育内容就显得尤为重要。在不断的实践和探索过程中，发现绿色种植、变废为宝这个活动比较适合小学生。

习近平总书记曾勉励少年儿童："生活要靠劳动创造，人生也靠劳动创造，希望广大中小学生从小树立劳动光荣的观念，自己的事情自己做，他们的事情帮着做，公益的事争着做。"

日常生活中，塑料瓶是常见的白色垃圾，为了从源头减少垃圾的产生，应该让它们变废为宝，重新赋予它们价值。那这些瓶子有什么用处呢？经过反复实践，老师发现塑料瓶很适合进行手工制作，用它制作花盆，然后进行绿色种植，这样既美化了环境，又减少了白色垃圾。

● 活动目标

① 让学生明白劳动的重要性。

② 提升学生的劳动技能。

● 活动对象与人数

小学三、四、五年级学生，350人。

● 活动时间

4月1日~7月5日。

● 活动资源

① 活动场所：综合实践活动室。

② 参考资料：劳动课标、科学教材等。

③ 活动器材：废旧塑料瓶、剪刀、种植材料等。

● 活动过程（步骤）

1. 准备阶段（4月1日~4月15日）

制定活动方案，与学生、家长沟通，准备活动材料。

2. 实施阶段（4月16日~6月16日）

改造废旧塑料瓶，制作花盆，进行绿色种植，发现问题及时改进，及时总结制作方法和种植技巧。

3. 总结阶段（6月17日~7月5日）

学生整理活动资料，展示作品，汇报活动收获和心得体会。

● 活动预期效果与呈现方式

1. 学习栽培方法（无土栽培和有土栽培）

① 无土栽培。绿萝一般采用无土栽培。首先从绿萝上选择健康粗壮的枝条，将枝条剪成45°的斜切口，然后把它放在水里，绿萝就可以生根发芽了。在养护过程中注意要2~3周换一次水，也可以加一点营养液。像绿萝这样不用土，用水就能培育的植物还有吊兰、大蒜、富贵竹等，它们都是利用植物的茎来繁殖的。

② 有土栽培。像辣椒这种需要种子繁殖的，一般会选择有土栽培。首先在花盆里放入土，用水将土壤完全浸透。等待一小时后将种子均匀种在土壤上面，种子之间的距离最好在2cm左右。播种后用细土覆盖，厚度不超过1cm。浇上适量的水，最后把花盆放在温暖光照充足的地方，五天左右后就会发芽生根。采用这种方式，我们还可以种植花生、油菜等，它们都是种子繁殖。

2. 创意花盆作品展

学生展示自己用废旧塑料瓶制作的创意花盆（图5.39）。

图5.39

● 活动评价

  学生制作的创意花盆既节约了原材料，又美化了环境。同学们充分利用身边的资源，发挥自己的想象力，选择自己喜欢的植物进行种植。同时通过利用废旧材料进行创意花盆的制作，显著减少新材料的使用。相信在以后的发展中，废旧材料应用于小学科学和劳动教学，对于学生的启示作用会更加显著，对学生智力的开发，动手能力的提升，环保意识、节俭意识和创新意识的建立都会起到很大的作用，随着不断探索和完善，废旧材料在小学科学和劳动教学中起到的作用会越来越明显。

案例6

臭叶豆腐制作体验活动

安徽省宿松县破凉镇中心小学
"科创筑梦"云上工作室　杨　芳　燕　媛　吴仁燕

● **活动名称**

臭叶豆腐制作体验活动（图5.40）。

图5.40

● **活动背景**

　　臭叶豆腐是宿松县最有特色的一道小吃。它不仅仅是一种普普通通的绿色健康食品，更是劳动人民智慧的结晶和对农耕文化的坚守。本次体验活动，旨在通过资料搜集、观察体验和互动探讨的方式，让学生了解臭叶豆腐的相关知识，培养积极的学习和生活态度，体验劳动的快乐，养成珍惜粮食的习惯。让学生在感受中国传统制作技艺的过程中，体验几千年的中华农耕文化。

● **活动目标**

　　① 通过访谈、搜集、调查、观察等方式，了解有关臭叶豆腐的知识，培养积极的学习和生活态度。

　　② 学生参与制作的全过程，体验劳动的快乐，感受劳动人民的智慧。

　　③ 学生对科普实践活动产生浓厚兴趣，热爱劳动，养成珍惜粮食的习惯。

　　④ 通过亲手制作，学生深入了解传统制作工艺，体验几千年的中华农耕文化。

　　⑤ 培养学生团队意识，增进师生感情。

● **活动对象与人数**

破凉镇中心小学"李四光中队"学生及带队老师，40人。

● **活动时间**

6月10日～6月21日。

● **活动地点**

宿松县孚玉镇小湾村。

● **活动内容**

1. 准备阶段（6月10日～6月20日）

① 师生通过访谈、搜集资料、调查、观察等方式了解臭叶豆腐制作的相关知识（可以做笔记，打印、剪贴、摘抄等形式均可）。

② 通过课堂教学，学生初步了解"臭树"的相关知识。

③ 学生准备行李包，携带防晒物品、防蚊虫叮咬喷剂、饮用水、笔记本、笔等用品。

④ 学校提前联系农户，准备制作臭叶豆腐所需用品，并提前踩点、清场。

2. 实施阶段（6月21日）

① 师生共同参与摘臭叶、清洗臭叶、烧草木灰等制作工序（图5.41～图5.44）。

② 当地资深农户讲解臭叶豆腐的制作原理。

③ 学生做好笔记，并提出疑问。

④ 学生体验制作臭叶豆腐。

⑤ 学生谈收获，并及时撰写活动体验日记。

⑥ 教师撰写活动心得或随记。

图5.41

图5.42

图5.43

图5.44

3. 拓展活动

学生回家后和家长合作完成臭叶豆腐的制作，晒出亲子劳动图。再想想如果让你为家乡的美食臭叶豆腐设计一句广告词，你会怎样宣传？一片普通的叶子"臭叶"在劳动人民的智慧中变身为一种绿色食品，那是不是所有叶子都能做成食物呢？相信此次体验活动，能让学生在生活中更好地领会科学思想，学习科学知识。

● **活动预期效果与呈现方式**

① 组织学生进行总结，撰写活动报告。

② 展示学生摘抄剪贴报、手抄报、科研小论文等作品。

③ 开展表彰大会，评选"最佳摄影奖""写作小能手""创意表达奖"等奖项并颁发证书。

④ 利用微信公众号等新媒体扩大宣传效果。

● **活动评价**

① 开展多种形式的成果展示。

② 重视学生多方面能力的提升。

③ 教师根据参与活动的学生情况及活动收获等进行评价。

案例7 智能灯的教学设计

襄阳市第四十八中学科创中心 曾 萍

● 活动名称

智能灯的教学设计。

● 活动目标

掌握"或"和"且"的运算逻辑，理解和光线强弱、声音大小有关的阈值，制作一个智能灯，实现"在光线弱时用声音控制灯亮起"的功能。

● 活动重难点

① 重点：掌握"或"和"且"的运算逻辑。

② 难点：和光线强弱、声音大小有关的阈值，以及对编程思路的理解。

● 活动内容

1. 准备阶段

① 教学课件。

② 智能灯搭建参考图。

③ 软件平台使用说明微课。

2. 自主学习

学生利用微课自主学习，熟悉编程软件平台的使用方法，了解人工智能Arduino硬件相关组件，包括控制器、光敏传感器、按键传感器、声音传感器、LED灯、显示模块及线路连接端口等。

● 活动过程（步骤）

1. 问题导入

老师提出问题：想一想怎样把灯变成智能的？楼道里的声控灯有什么不足的地方？

老师板书课题：智能灯。

学生回答：用声音控制灯的开关，白天有声音也会亮，不节能不环保。

教师板书：声音（大小）、光线（强弱）。

2. 探究学习

把声音和光敏传感器联系起来有哪几种情况？在什么情况下灯才会亮，什么情况下灯又不会亮？我们一起来分析一下。

在声音大且光线强的情况下灯亮，就是信息技术中的逻辑关系"与"，也是数学中"和"的关系。

还有一种情况是两者选一或多选一。也就是声音大了灯亮，或者光线弱了灯亮，只满足其中一个条件灯就亮。

在声音大且光线强的情况下灯不亮，逻辑关系也是"与"。在声音小且光线强的情况下灯不亮，逻辑关系也是"与"。

我们可以根据情况需要让灯亮或者不亮，那么声音大到什么程度，声音小到什么程度，光线强到什么程度，光线弱到什么程度，需要选择一个临界值，也就是阈值。

我们来做一个实验，请一位同学上来，看看声音大或声音小时声音传感器的值，数码管可以显示数字。学生轻轻地拍一拍，看看值是多少，再大声说话试一次。

教师板书，在黑板上写下一般情况下声音小的时候声音传感器的值和声音大的时候声音传感器的值。我们可以选择一个阈值来判断声音大小，比如80或100。选择偏小的阈值，声音传感器反应更灵敏，可以在实际应用中检验效果。

再请一位同学来做实验，光敏传感器在光线强的情况下的值，在光线弱的情况下的值，教师板书。

3. 深入研究

老师演示教学课件，让学生集体填空，画出智能灯完整的流程图。

4. 编写程序并用实物验证

根据设计的流程图编写程序。老师先搭好程序框架，请同学把程序填写完整，然后下载程序，验证效果，找出问题，师生一起解决问题。

● **活动拓展**

还可以应用哪些传感器让智能灯变得更加智能？有好的想法可以分享。

案例8

绿色使命、保护家乡——科学调查实践活动

安徽省滁州市琅琊区解放小学　高义连　张丽华　王德菊

● **活动名称**

绿色使命、保护家乡——科学调查实践活动。

● **活动背景**

城市园林绿化以丰富的园林植物、完整的绿地系统、美丽的景观和完备的设施发挥改善城市生态、美化城市环境的作用，为广大人民群众提供休息、游览、开展文化活动的场地，增进人民身心健康。随着城市的东迁南扩，滁州处处绿树成荫，花香袭人，百亭伴生，城市焕然一新，洋溢着勃勃生机。解放小学地处滁州古城之内，南湖之畔，这里的师生最能发现大滁州城建设前后的巨大变化。

● **活动目标**

① 了解植物的光合作用可以为生命提供氧气，同时植物还具有净化空气、涵养水源、保持水土、绿化城市、保护环境、减少污染的重要作用。

② 熟悉植物的种类和特点，提升学生在生物学和园艺学方面的知识素养，提高学生对科学知识的探究兴趣。

③ 通过问卷汇总，收集、整理、分析环境变化和植被覆盖率的相关数据，培养学生发现问题、分析问题和解决问题的能力。发展学生实事求是的科学探究精神和团队合作精神，激发学生热爱大自然的思想感情，增强学生保护绿植的意识。

● **活动对象**

科普兴趣班学生。

● **活动时间**

2020年12月～2021年10月。

● 活动内容

1. 准备阶段（2020年12月～2021年1月）

① 组织分工：选出部分学生参与活动宣传、问卷调查、数据分析、材料整理等项目。

② 阅读有关滁州植物情况的资料，制作调查问卷，让学生了解周围绿植的情况。

③ 制作小学生认识植物PPT、植物观察日记本、植物生长记录表。

2. 实施阶段（2021年2月～2021年9月）

① "一张老照片"引出调查主题。举办一场关于大滁州城建设前后老城内同一地点风景照的展览，让学生发现城市的变化，撰写以滁州景观变化为主题的作文，引起学生对滁州景色的关注，激发学生保护环境、爱护绿植的热情。

② 调查走访。访问专家，了解绿植对生态环境保护的作用，调查滁州绿化现状和滁州空气质量变化情况，感受绿化为滁州带来的益处。

③ 实地考察。以解放小学校园为起点、南湖公园为中心，扩散至滁州各条街道，了解绿植名称及分布情况。

④ 动手实践。学生自发种植一种植物，观察植物生长习性，积累养护经验，培养学生对植物学的兴趣。

⑤ 科学制作。收集植物图片，撰写科普作文。促进同学间交流，丰富学生有关植物的知识，进一步激发学生研究植物的兴趣。

⑥ 宣传科普。在校园举办植物标本展、植物图片展、植物知识竞赛、"我是小小景观设计师"比赛。唤起全校学生对植物学的兴趣，共同行动起来保护植物！

● 活动过程（步骤）

1. 问卷调查（2021年1月）

科普班学生制作调查问卷，以实际数据作为科学调查的依据。

① 调查目的。了解学生对植物研究的兴趣，了解学生参与以"绿色使命、保护家乡"为主题的小学生爱护绿植和科学调查实践活动的意愿，掌握科学调查的正确途径和方法。

② 问卷调查对象：五年级学生。

③ 问卷调查内容。学生对植物的喜爱，植物对生态环境的作用，植物的名称、生长特点及养护知识三个方面。

④ 问卷调查过程。组织学生进行问卷调查前的培训，指导学生进行问卷调查并完成"问卷调查表"。

⑤ 问卷调查分析。整理统计100名学生的问卷调查数据后得到以下信息，无论男生、女生都喜欢或非常喜欢植物，种过植物的学生占比高达100%，只有12%的学生认为种植麻烦。大多数学生对于植物名称的认识来源于家庭。部分学生对周围的植物有兴趣，少部分学生对植物充满好奇心。学生对植物的作用有认识但不充分。少部分学生对滁州市的绿化提出了建议。

2. 科学调查、深入了解（2021年2月～2021年9月）

① 一张老照片、两时绿变化（2021年2、3月）。"花簇映春、林荫夏木、秋林旖旎、疏影暗香"，流光溢彩的生态滁州正在建设中。通过寻找滁城老照片（图5.45），倾听家人讲述照片地点，对比照片中的今貌今景，让学生关注滁州城市绿化，激发学生热爱家乡的情怀。

② 交流讨论，剖析原因（2021年4月）。老师主持"滁州变美了"主题班会（图5.46），在班会上，学生们交流讨论，深入了解滁州景观变化的原因。从照片中可以直观地看出，许多植物具有较高的观赏价值，特别是园林植物，以优美的姿态、丰富的色彩增添了城市的景色。

图5.45

图5.46

学生们在班会上分享了自己通过网络收集的植物的作用，植物的叶片能进行光合作用，吸收空气中的二氧化碳、放出氧气，使空气清新，高大的树冠可有效阻挡空气中的粉尘，多毛的叶片表面可吸附粉尘，吸收空气中的有害物质，如二氧化硫、氟化氢、氯气等。高大的植物具有良好的遮阴作用，植物叶片的蒸腾作用可增加空气的湿度，并通过吸热降低空气温度。有些植物还可以分泌大量的杀菌素，有效降低空气中的有害菌。植物还可以有效阻挡噪声，植物的根系可有效固定土壤，防止水土流失。

在班会上，同学们现场将从滁州环境生态局获取的空气质量月分析报告（抽取2014年1月至2021年1月的几份报告）做成折线统计图（图5.47），从统计图中可以看出，滁州的空气质量越来越好。

同学们将2020年7月的大气环境质量制成扇形统计图（图5.48），随着园林城市的建设，蓝天白云与人常伴，人们呼吸着新鲜空气，置身于绿树彩花环绕的美景中，心情更加美好。

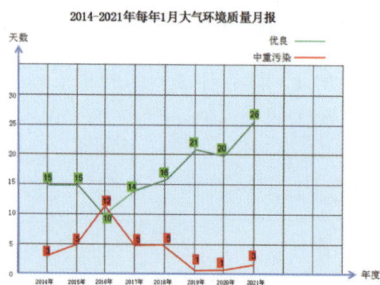

图5.47

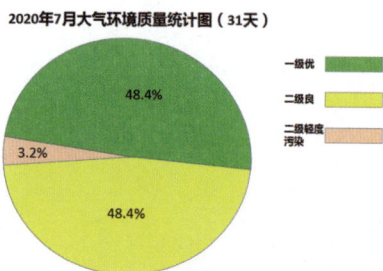

图5.48

3. 科学研究、提升素养（2021年5月~2021年9月）

① 扩大研究、丰富知识。学生在老师的带领下认识校园里的植物（图5.49），遇到自己了解的植物便侃侃而谈，遇到不熟悉的植物则认真聆听老师的介绍。最后将校园里的植物用相机拍摄下来，在网上进一步搜寻这些植物的相关知识。通过观察和交流，同学们收获了植物的基本知识，丰富了对植物特点以及分类的专业知识，对植物产生了浓厚的兴趣。

② 公园调查、体验景观。为了激发学生对植物更浓厚的兴趣，认识更多的植物种类，感受植物的布景之美，认识到植物对心情的调节作用，科普班的学生在老师的带领下来到南湖。学生们边欣赏风景边认识植物（图5.50），他们或聆听老师讲解，或用平板电脑现场查询植物的相关资料然后大声朗读出来分享给同学们。

图5.49

图5.50

③ 城市绿化、关爱调查。为了促进学生深入体验滁州城市美景，感受植物绿化在城市建设中的作用，激发学生保护植物的意识，开展滁州道路景观的调研活动。科普班的学生从工业区道路、商业区道路、风景区道路着手，从植物配置、道路横断形式、休憩场所等方面对滁州市道路景观进行调查和分析（图5.51）。

图5.51

4. 植物保护总动员（2021年10月）

① 国旗下讲话。通过在国旗下讲话号召全校师生爱护环境（图5.52），让更多的学生加入到保护绿植的行动中。

② 趣味标本展。科普班的学生将落叶或工人师傅修剪下来的树叶收集起来制作成趣味植物标本在校内展示（图5.53）。

图5.52

图5.53

③ 我是小小设计师。滁州街头有很多景色优美的小公园，科普班的学生将它们拍摄下来，在学校展览（图5.54）。并且邀请全校学生参加"我是小小设计师"——校园一角设计活动。

④ 举办植物学知识竞赛。花无语、枝无声、叶无言，大自然用它独特的方式向我们展现了一个丰富多彩、五彩缤纷的世界。植物学是我们了解自然、认识自然的良好渠道。为了提高学生对园艺专业基础知识和基本技能的学习兴趣，培养学生的实践动手能力、创新意识和创造能力，进一步培养学生的竞争意识以及团队协作精神，提高学生的审美素养，营造良好的学习氛围，以创意性、知识性、趣味性为宗旨举办植物学知识竞赛（图5.55）。

⑤ 校园植物挂牌。给校园植物制作名牌，让更多的学生认识、了解校园植物，激发全校学生对植物的兴趣。

图5.54

图5.55

5. 成果展示

① 滁州旧貌新颜调查（图5.56）。

图5.56

② 校园植物图片展（图5.57）。

③ 趣味标本展（图5.58）。

图5.57

图5.58

④ 植物成长日记（图5.59）。

⑤ 滁州街角公园展（图5.60）。

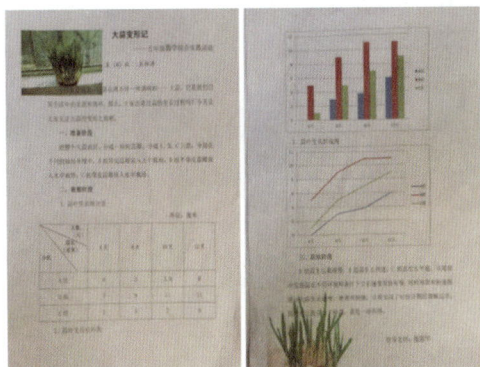
图5.59

图5.60

⑥ 滁州道路景观展（图5.61）。

图5.61

● **活动体会与收获**

通过"绿色使命、保护家乡"科学调查实践活动，科普班的同学对植物和园艺方面的知识有了一定的了解。通过开展问卷调查，培养学生严谨的科学态度。通过问卷汇总，收集、整理、分析环境变化和植被覆盖率的相关数据，培养学生发现问题、分析问题和解决问题的能力。在实践活动中培养学生实事求是的科学探究精神和团队合作精神，激发学生热爱大自然的思想感情，增强学生保护绿植的意识。

● **附 件**

小学生绿植调查问卷

亲爱的同学：您好！我们周围有各种各样的花草树木。你对植物的了解如何？我们真诚地需要您提供宝贵信息，您的反馈对我们很重要，请您如实填写。

1. 你的年级是（　　　）？

2. 你的性别是（　　　）？

    A. 男　　　　　B. 女

3. 你喜欢植物吗？（　　　）

    A. 很喜欢　　B. 喜欢　　　C. 一般　　　　D. 较喜欢　　E. 不喜欢

4. 你种植过植物吗？（　　　）

    A. 种过　　　B. 没有

5. 你家现在大概有几种植物？（　　　）

    A. 1～3　　　B. 4～6　　　C. 7种以上　　D. 没有

6. 你知道哪几种植物？（　　　）（多选）

    A. 吊兰　　　B. 多肉　　　C. 凤仙花　　D. 水杉

7. 你认识校园里几种植物？（　　　）

    A. 1～3　　　B. 4～6　　　C. 7种以上

8. 种植植物花卉的益处有（　　　）？（多选）

    A. 观赏作用　B. 环保作用　C. 减弱噪声　　D. 改善气候

9. 你觉得种植植物花卉麻烦吗？（　　　）

    A. 很麻烦　　B. 麻烦　　　C. 还行　　　D. 不麻烦

10. 你觉得种植植物花卉有趣吗？（　　　）

    A. 很有趣　　B. 有趣　　　C. 还行　　　D. 没有

11. 周围的植物，你最喜欢哪种植物？

12. 你对滁州的绿化有哪些建议？

3D ONE "多边形笔筒"教学活动

甘肃省张掖市山丹县南关学校
李永全青少年科创教育工作室　李永全　李亚玲

● 活动名称

3D ONE "多边形笔筒"教学活动。

● 活动背景

新课程标准要求从"文化自信""语言运用""思维能力"和"审美创造"四个维度构建知识目标体系，优化"教–学–评"一体化原则，让学生主动参与多学科融合创新，全面提升学生的核心素养和能力。

3D打印作为当前"互联网+"教育信息化2.0新形势下AI领域的创新技术，在各个领域都有很好的应用前景，但是3D打印尚未被纳入学校课程，因此没有特定的教材。

本次教学活动简单介绍3D打印软件各个工具的使用方法，以及如何把所想的事物设计出来并打印成实物。教学活动贴近学生生活，让学生觉得简单有趣，激发学生的创作热情。

● 活动目标

① 通过自学、课堂模仿掌握3D建模工具的使用。

② 掌握拉伸、扭曲、抽壳等操作方法。

③ 亲手设计专属笔筒，体验学习建模的乐趣，激发学生讲科学、爱科学、学科学、用科学的热情，培养学生的创新精神和实践能力，促进学生科学素养的全面提升。

● 活动对象

六年级学生。

● 活动内容

1. 课前准备

观看建模教学视频，学生准备笔筒的设计稿。

2. 教学过程（表5.2）

表5.2　教学过程

教学环节	教师活动	学生活动	评价标准
情景导入（3分钟）	教师：（拿出学生打印的模型）同学们，这是前两节课大家自己设计的花瓶和水杯，应用了拉伸和扭曲工具 今天大家要制作的是自己喜欢的多边形笔筒，下面老师操作演示，同学们认真观察，老师是如何操作的？使用了哪些工具？	课前准备：学生拿出自己的设计稿	能说出自己建模时用到的工具
探究模仿（12分钟）	1. 观察、思考（5分钟） 现在拿出你们的设计图，思考会用到建模软件的哪些工具？写在设计图的边上。给大家3分钟时间思考，把思路写下来 2. 教师演示（5分钟） 现在先展示我的设计以及制作过程。播放视频，重点讲解容易出现错误的地方 ① 绘制多边形笔筒草图，介绍拉伸、抽壳工具 ② 输入精准数据 ③ 着色 多边形草图—拉伸—抽壳—开放面处理—添加颜色 3. 学习模仿（5分钟） 教师：同学们，今天的作品用到了拉伸和抽壳两个工具，接下来，给大家5分钟时间模仿老师的作品	① 观察、记录思路、讨论 ② 观看视频，练习模仿（完成目标1，图5.62）	① 能预计自己建模要用到的工具 ② 能用不同的工具做出笔筒 ③ 通过练习能熟练使用新学的拉伸、抽壳、扭曲等工具
提升创新（15分钟）	教师：新学习的两个工具，也许能帮助你更好地完成自己的作品，现在就开始自己的创作吧！	创新操作（完成目标2，图5.63）	① 能对自己的作品给出客观的评价 ② 会欣赏别人的作品
风采展示（5分钟）	教师：今天有哪位设计师愿意向大家展示自己的作品？ 根据时间1～2个学生展示 展示要求：设计灵感—设计过程—遇到困难—展示亮点—如何改进	学生展示、讲解	① 流畅叙述自己的创意 ② 能理解别人的创意 ③ 知道如何使用3D打印机打印出自己的创意作品
作业（5分钟）	完善作业，拓展设计出更多高端智能化创新佳作		体验动手操作的快乐，激发学生的创新潜能，树立讲科学、爱科学、学科学、用科学的远大目标

图5.62

图5.63

● **活动评价**

① 自学结束能够掌握3D打印的完整过程。

② 准确运用拉伸、扭曲、抽壳等工具完成笔筒制作。

案例10 "感受扎染文化与工艺"科学实践活动

云大附中青少年科学工作室 高艳娇

● 活动名称

"感受扎染文化与工艺"科学实践活动。

● 活动背景

扎染是将织物部分结扎起来使之不能着色的一种染色方法，有两千多年的历史，传承着劳动人民的智慧。云南大理白族扎染技艺早在2006年就被列入国家级非物质文化遗产名录，身处云南的同学有得天独厚的条件学习扎染技艺。

● 活动目标

1. 知识目标

了解扎染文化的起源、发展和现状，感受传统民族文化，增强文化自信。

2. 能力目标

认识染料，学习结扎技法，初步了解扎染制作工艺。

3. 情感态度和价值观目标

动手制作扎染手帕，体验传统劳动，感受传统劳动的魅力，感悟劳动人民的智慧。

● 活动对象及人数

初中一年级学生，50人。

● 活动时间

4月1日～4月30日。

● 活动内容

1. 准备阶段

教师提前准备活动材料。

2. 知识搭建阶段

① 学习扎染的概念。

② 了解扎染的历史。

③ 认识国内外的扎染现状。

④ 认识染料。

⑤ 学习结扎技法。

⑥ 作品赏析。

3. 实施阶段

实际体验扎染技艺，制作扎染手帕。

4. 作品赏析、评价阶段

● **活动资源**

① 活动场所：云大附中生物实验室。

② 参考资料：相关书籍、活动记录手册等。

③ 活动器材：靛蓝膏、苏木、栀子、碱、还原剂、pH试纸、电磁炉、锅、盆、勺子、一次性手套、一次性桌布、纱布袋、橡皮筋、手帕等。

● **活动过程（步骤）**

1. 学习扎染的概念

扎染是指织物在染色时部分结扎起来使之不能着色的一种染色方法。我国古代的"三缬"，蜡缬、夹缬和扎缬，即现在所说的蜡染、夹染和扎染，都是国粹级别的染制工艺。

2. 了解扎染的历史

我国是世界上最早发明及使用印染技艺的国家，可追溯到两千多年前。隋刘存《二仪实录》写道："秦汉间有之，不知何人所造，陈梁间贵贱通服之。"东晋时期，扎染工艺就已经比较成熟。南北朝时期，扎染被广泛用于汉族妇女的衣着。唐代文化鼎盛，扎染甚为流行。北宋时，扎染在中原和北方地区流行甚广。

3. 扎染技艺

云南大理白族扎染技艺2006年列入国家级非物质文化遗产名录。

四川扎染历史上称为"蜀缬"。自贡扎染技艺纹路清晰、精巧细致，2008年列入国家级非物质文化遗产名录。

4. 天宫课堂

观看天宫课堂中关于太空扎染的视频。

5. 认识染料

① 靛蓝：蓝色染料，靛蓝类色素是人类所知最古老的色素之一，广泛用于食品、医药和印染工业。

配制方法：靛蓝膏1kg+5L水，加入20～50g氢氧化钠，调节pH值为9～12，加入20g还原剂（草酸），静置20分钟以上，拨开表层蓝色，看到下方染液呈黄绿色或黑绿色即可。

② 苏木：红色染料，为豆科苏木属植物苏木的干燥心材。具有活血祛瘀、消肿止痛、促进血液循环、增强免疫力等功效。

配制方法：加水煮沸。

③ 栀子：黄色染料。

配制方法：加水煮沸。

6. 结扎技法

结扎技法主要有捆扎法、折叠扎法、平针缝绞法等。

7. 实践操作（图5.64）

图5.64

① 捆扎织物。

② 织物在水中完全浸湿，再拧干。

③ 浸入明矾溶液4～5分钟，再拧干。

④ 放入染液5～15分钟（苏木和栀子染需煮沸）。

⑤ 取出后拧干（蓝染取出时黄绿色，放置约10分钟变蓝；红黄染注意防烫）。

⑥ 清水漂洗，拆开。

● 活动预期效果与呈现方式

① 组织小组学生进行总结，撰写活动报告，在活动课上分小组进行交流，分享扎染技艺给人们生产生活带来的影响，探究活动的收获。

② 整理学生关于扎染技艺的文章、图片、视频等相关资料，汇集成册，作为校内科技教育宣传材料。制作展板和剪贴报，在区内网站、社区宣传，并利用微博、微信等新媒体扩大宣传。

● 活动评价

1. 文化方面

① 理解扎染的概念，认识常用的染料，了解基础的结扎技法，从而热爱扎染这一传统技艺。

② 学习扎染的历史，让学生感受传统文化的魅力，让学生有传承民族非物质文化遗产的自觉性和主动性。

③ 观看天宫课堂，让学生感受祖国的强大。

2. 工艺方面

① 学生通过观看各地的扎染作品、大师的艺术创作以及往届学生制作的丰富多彩的扎染作品，提升审美能力，感悟劳动者的智慧。

② 学生通过自己设计并制作扎染作品，体验扎染这一传统技艺，传承劳动人民的创新精神。

③ 学生将最终作品与自己的预设进行对比，总结在创作过程中应注意的问题，提升创新思考的能力。

案例11 贺州二高航模实践活动

贺州二高科学工作室 黄亭蓉

● 活动名称

贺州二高航模实践活动。

● 活动背景

航模活动可以培养学生的观察力、动手操作能力，促进学生提升科技素养，培养他们的探究精神和创新能力。贺州二高航模实践活动是在基础教育阶段组织开展的生动活泼、健康益智的课外活动，是学校教育的重要组成部分，是响应国家号召，全面推进素质教育的重要手段之一，也将为学生全面发展和终身发展奠定坚实的基础。

● 活动目标

1. 知识与能力目标

① 了解飞机的结构及飞行原理。

② 学生通过自己动手制作模型飞机，模拟操纵飞机，锻炼动手能力和协调能力，培养创新精神。

2. 情感态度与价值观目标

① 通过相关领域介绍，培养学生的爱国情感。

② 激发学生的求知欲，引导学生体验合作探索的乐趣。

● 活动时间

2021年9月～2022年7月。

● 活动内容

1. 准备阶段

① 了解航模的分类。

② 清楚自己要制作的航模类型。

③ 准备材料和器材。

2. 制作阶段

学生自主制作航模，遇到问题可上网查询也可询问指导老师。

● 活动资源

① 活动场所：贺州第二高级中学。

② 参考资料：互联网。

③ 活动器材：固定翼、水火箭等。

● 活动过程（步骤）

1. 准备阶段

制定计划，准备材料和器材。

2. 实施阶段

① 理论学习（图5.65）：学习飞机的
飞行原理，航模的制作方法。

图5.65

② 实践学习（图5.66～图5.69）：完成航模组装、调试、配重以及试飞，开展伞降火箭滞空时间比赛和航模比赛活动等。

图5.66

图5.67

图5.68

图5.69

③ 航空知识和科技知识宣传（图5.70、图5.71）：通过板报或校报，向全校师生宣传航空知识和科技知识，宣传航模运动的意义。在全校形成一种热爱科学的风气，形成一种积极向上的精神，营造良好的学习氛围。

图5.70

图5.71

④ 活动具体计划（表5.3）。

表5.3　活动计划

周　数	活动计划
1	召开会议，总结上个学期的航模活动，布置本学期任务
2	航模基础知识讲座
3、4	模拟器训练、降落伞制作
5	火箭发射原理讲解
6、7	四轴飞行器讲解
8	四轴飞行器飞行训练
9、10	遥控纸飞机制作讲解
11	遥控纸飞机制作与调试
12	水火箭原理讲解
13～15	水火箭制作及发射
16	校内航模比赛
17	外出交流学习
18	总结交流

● **活动总结交流**

组织学生进行总结和交流，分享在航模制作过程中有什么需要特别注意的地方和自己参加航模实践活动的心得体会。

● **活动评价**

① 参与活动都给予鼓励。

② 开设多种形式的成果展示，如摄影、总结等。

③ 重视学生各方面能力的提高。

④ 教师根据每次参与活动的学生人数、过程、结果等进行评价。

案例12 宁夏"蒲公英"科教育苗提质行动

宁夏科技馆青少年科技体验中心 王晓东

● 活动名称

宁夏"蒲公英"科教育苗提质行动。

● 活动背景和介绍

1. 活动背景

本活动是依托宁夏科技馆青少年科技体验中心科学工作室优质科普资源，联合校外教育机构、专业传媒公司、电视台，面向中小学生精心策划设计的一项青少年科技教育活动。活动以"科创筑梦、助力'双减'"为主题，紧紧围绕宁夏科技馆"十四五"时期重点打造的活动品牌——宁夏"蒲公英"科教育苗提质行动，开展系列化、特色化、精品化科普活动。

2. 活动介绍

活动由"保护母亲河"——水的净化科学探究实验、"变形金刚"——模块化机器人体验课、"小小记者"采访活动三项内容组成。水的净化科学探究实验，要求学生不仅要理解实验原理、实验过程、实验结论，更要深刻认识水在大自然和人类生产生活中的重要作用。只有保护好水资源，科学合理利用水资源，才能实现人与自然和谐相处和可持续发展。宁夏是黄河流域生态保护和高质量发展先行区，保护母亲河具有非常重要的实际意义和教育意义。机器人是人工智能时代前沿科技的代表，通过充满趣味性的机器人普及教育，培养青少年好奇心、想象力和动手能力。

● 活动目标

1. 价值引领目标

弘扬科学和科学家精神、普及科学知识、传播科学思想、倡导科学方法；提高青少年科学素质、创新意识和创新能力；弘扬和践行社会主义核心价值观，立德树人、全面育人；培养具有科学家潜质的青少年科技后备人才。

2. 能力培养目标

在活动策划和实施过程中，始终贯穿实验动手能力、科学探究能力、团队协作沟通能力的培养，进而内化上升为青少年的创新精神、创新素养和创新能力。

3. 知识学习目标

深刻认识宁夏水资源严重匮乏的现状；掌握应用实验仪器进行水质净化的方法和手段；初步了解机器人的定义、原理、构造，以及机器人和人类之间的关系；学会用编程的方法控制机器人解决生产生活中的实际问题；了解和认识新闻采访的方法、手段、技巧及过程。

● 活动对象和人数

① 活动对象：小学三、四年级。

② 活动人数：学生40人（分成2组）、授课教师4人、摄像2人、记者2人、工作人员3人。

● 活动时间及安排

1. 活动时间

2022年7月23日上午8：30~12：30。

2. 活动安排（表5.4）

表5.4　活动安排

活动名称	活动时间	活动具体内容	活动地点	负责人
学生集合	上午8：30~9：00	学生点名，分组，介绍活动内容和时间安排	科技馆序厅	带队教师
科学体验互动课	上午9：00~11：30	"变形金刚"——模块化机器人体验课	人工智能工作室	1名主讲教师 1名助教教师
科学体验互动课	上午9：00~11：30	"保护母亲河"——水的净化科学探究实验	科学探究工作室	1名主讲教师 1名助教教师
"小小记者"采访活动	上午11：30~12：00	以小朋友的视角谈论活动感受，现场相互采访，拍摄，记录	工作室	摄像2人 记者2人
专业媒体采访	上午12：00~12：10	采访宁夏科技馆青少年科技体验中心工作人员，进行活动总结	中心门厅	摄像1人 记者1人 中心人员1人
学生离馆	上午12：10	在带队教师和工作人员组织下有序离馆	中心门厅	带队教师

● 活动内容

1. "保护母亲河"——水的净化科学探究实验

① 了解地球、中国、宁夏水资源现状。

② 自制黄河水。

③ 学习净化黄河水的实验装置、原理、方法。

④ 自制水净化装置。

⑤ 讨论如何保护我们的母亲河——黄河。

2. "变形金刚"——模块化机器人体验课

① 了解机器人技术的发展历程。

② 认识机器人模块及功能。

③ 体验机器人Bac角色。

④ 体验仿生机器人lucky。

⑤ 学习机器人的两种连接方式。

⑥ 学习机器人动作编程（示教动作+Pro动作）。

⑦ 分组讨论机器人与人类之间的关系。

3. "小小记者"采访活动

① 采访前的准备工作，了解采访对象，拟定采访问题。

② 小记者互相采访（孩子的视角）。

③ 小记者接受专业媒体采访（成人和社会的视角）。

● 活动资源

1. 活动场所

利用宁夏科技馆青少年科技体验中心科学探究工作室、创意设计工作室开展活动，每个工作室可同时容纳25～40人开展科学探究活动。

2. 参考资料

《水的净化实验手册》《模块化机器人课程案例》《公共科学活动设计的理论与实践》等。

3. 活动器材

水的净化实验资源包10套、模块化机器人设备10套、触摸式教学一体机2套、摄像机2台、电脑、单反相机等。

● 活动过程

1. 活动准备阶段

制定活动方案，组建项目团队，明确工作任务。以宁夏科技馆青少年科技体验中心工作人员为核心，联合校外科技教育机构教师、银川市电视台记者、宁夏医科大研究生共同制定活动方案，明确项目具体内容、时间节点和各自任务，以及需要相互沟通和衔接的工作交叉点。

2. 活动实施阶段

按计划推进项目，定期检查落实，及时跟进反馈。及时组织项目团队成员召开工作对接会，重点落实以下工作：

① 小记者征集报名和组织动员。通过多种媒体面向银川市中小学公开征集热爱科学、热衷科学传播的青少年参加活动，充分与学生和家长沟通，让参加活动的小小记者了解活动过程、内容、目的及意义。

② "保护母亲河"——水的净化科学探究课程设计。具体包括该科学探究课程主讲教师和助教的选择、课程内容设计、实验器材准备、备课、课件制作、试讲、课程修改等环节。该项科学探究课程由宁夏医科大学两名研究生负责教学工作，正式开课前，一共进行了5次试讲，反复练习修改，确保课程具备科学性、趣味性、互动性。

③ "变形金刚"——模块化机器人体验课程设计。具体包括该体验课程主讲教师和助教的选择、课程内容设计、教学设备准备、备课、课件制作、试讲、课程修改等环节。机器人体验课选择可立宝机器人作为教学设备。

④ "小小记者"采访活动设计。具体包括采访前的准备工作、互相采访、小记者接受专业媒体采访的内容拟定、模拟训练、实际操作等环节。

3. 总结宣传阶段

① 学生整理活动资料，撰写报告，汇报活动收获和心得体会。

② 银川电视台晚间新闻栏目进行宣传报道。

③ 银川晚报刊登活动优秀小记者心得体会。

④ 宁夏科技馆官网等网站进行宣传报道。

⑤ 项目团队召开项目总结会，研讨成功经验和存在的不足，为活动持续发展创造有利环境。

● 活动预期效果与呈现方式

① 组织参加活动的小记者结合亲身感受撰写心得体会，在学校综合实践课上分享活动带来的快乐，交流科学探究的收获。

② 指导学生制作活动PPT、撰写小论文、拍摄活动照片和短视频，参加学校组织的校园科学节展示活动。

③ 多渠道、全方位对活动进行宣传报道，让小记者活动成为宁夏"蒲公英"科教育苗提质行动的重要子品牌，营造良好宣传氛围，推进活动可持续、高质量发展。

④ 为践行全域科普、助力"双减"、提升青少年创新素养、培养科技后备人才搭建平台，探索馆校合作、科普事业社会化的可复制、可推广的生动案例。

● 活动评价

① 学生和家长对活动的满意度、认可度。

② 科技、教育、文化、旅游等部门对活动的评价。

③ 宁夏回族自治区科协、宁夏科技馆对活动的评价、建议及要求。

④ 参与本次活动的新闻记者、摄影记者、校外教育机构老师、大学研究生对活动的评价和建议。

⑤ 策划实施本次活动的项目团队核心成员的自我评价。

案例13 "听话的浮沉子"科普体验活动

广西科技馆青少年科学工作室 蔡 莲

● **活动名称**

"听话的浮沉子"科普体验活动。

● **活动目标**

① 学会制作浮沉子。

② 解释多个浮沉子能依次升降的原理。

● **活动原理**

通过挤压瓶子改变浮力大小从而实现浮沉子的升降。

● **活动材料**

盛水器皿一个、吸管若干、发夹若干、矿泉水瓶若干、剪刀。

● **活动过程**

① 取三种不同颜色的吸管，用剪刀分别剪出三段不同的长度，按中线对折，用发夹夹住，做成三个浮沉子（图5.72）。

② 把三个浮沉子放进矿泉水瓶中（图5.73）。

③ 由轻到重用手挤压瓶子，控制好挤压的力度以达到三个浮沉子依次下沉。缓慢放松挤压力度，让三个浮沉子依次上浮（图5.74）。

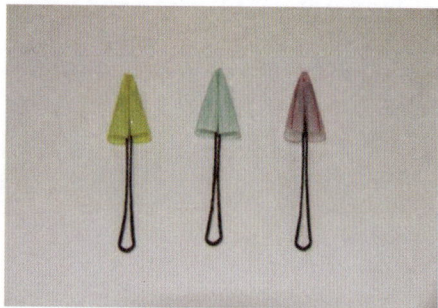

图5.72

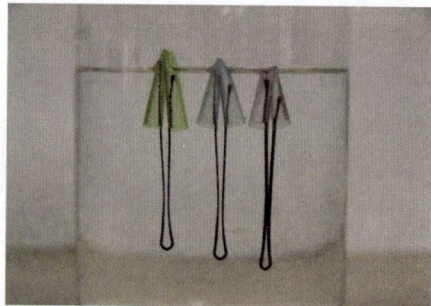

图5.73

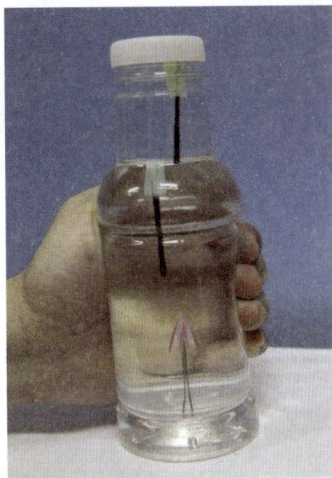

图5.74

● 操作要点

① 仔细调整三个浮沉子的体积差。方法是先按要求制作一个符合要求的浮沉子，根据其吸管的长度，再剪一段稍长的，再做一个浮沉子，仔细调整吸管的长度，使第二个浮沉子需要的挤压力度稍大于第一个。同理根据第二个浮沉子吸管的长度制作第三个浮沉子。

② 控制好挤压瓶子的力度，使第一个浮沉子沉底后，第二个随即开始下沉，第三个同理。上浮过程则按相反次序依次进行。

● 活动结果与讨论

① 三个浮沉子如果不是先从吸管长度最短的做起，而是从最长的开始做，依次缩短，会遇到哪些困难？

② 假如用三段相同长度的吸管制作浮沉子，怎样达到先后升降的效果？

案例14 领略组培神奇、探寻植物奥秘

苏州市相城区黄埭中心小学埭溪植物研究所　张　伟

● **活动名称**

领略组培神奇、探寻植物奥秘。

● **活动背景**

本活动是黄埭中心小学埭溪植物研究所开展的，活动得到苏州农业职业技术学院相城科技园的大力支持（图5.75、图5.76）。活动旨在通过专家指导、小组合作、成果展示等方式让学生亲近自然，了解新兴的农培技术，弥补学生在小学阶段对生物或生命科学知识的空缺，激发学生的学习兴趣，提高学生的创新精神和实践能力。

图5.75

图5.76

● **活动目标**

1. 知识目标

认识植物克隆技术，体验未来农业工厂化育苗的优势。分析植物克隆的优缺点，能说出植物为什么能在小瓶子里生长。

2. 能力目标

通过植物组织培养主题实践活动，培养学生动手操作能力，让学生充分体会科研工作的乐趣和科学实验的严谨性、规范性。

3. 情感态度与价值观目标

提升学生热爱自然、保护自然的意识。

● 活动对象与人数

四至六年级学生，20人。

● 活动时间

9月1日～11月30日。

● 活动内容

1. 准备阶段

① 招募组培"研究员"。

② 召开组培"研究员"大会，让学生明确本次活动的目的与意义。

③ 划分小组，明确要求。

2. 知识搭建阶段

① 通过微信公众号向同学们介绍什么是植物组织培养。

② 召开社团会议，邀请苏州农业职业技术学院的专家进校园讲座，让学生初步了解植物组织培养这一生物技术，并向学生详细介绍后续活动的具体内容。

3. 实施阶段

① 开展关于植物组培实验的安全教育。

② 苏州农业职业技术学院的专家进校园开展植物组培知识讲座。

③ 前往苏州农业职业技术学院相城科技园参观组培工厂。

④ 相城科技园的专业老师来校园指导开展组培实验（图5.77～图5.80）。

⑤ 学生展示自己的作品及活动记录单。

图5.77

图5.78

图5.79

图5.80

● **活动资源**

① 活动场所：苏州农业职业技术学院、苏农现代农业职业体验中心黄埭中心小学体验点暨埭溪植物研究所。

② 参考资料：网络资源、活动记录手册等。

③ 活动器材：活动记录单、相机、超净工作台、酒精灯、镊子、剪刀等。

● **活动过程**

1. 准备阶段（9月1日~9月15日）

招募组培"研究员"，制定活动方案，联系苏州农业职业技术学院专家，准备材料和实验器材。

2. 实施阶段（9月16日~11月15日）

组织开展专家讲座、相城科技园参观、实践体验（共分为五个模块，组培室的组成与功能认知、组培苗"营养餐"的配制、外植体的接种、生根苗的炼苗种植、"小小课题"探究）、交流分享等活动。

3. 总结阶段（11月16日~11月30日）

指导学生整理资料，汇报展示活动成果。

● **活动预期效果与呈现方式**

① 组织学生在社团活动课进行总结和相互交流，分享实验成功或失败的经验。

② 指导学生撰写小小课题探究论文，择优进行发表。

③ 整理活动视频和照片，利用多种媒体方式扩大宣传效果。

● 活动评价（表5.5）

表5.5　活动评价

评价项目	评价内容	自　评	组　评	师　评
合　作	能积极与小组成员合作，探讨问题解决办法			
设　计	能在实验方案设计过程中出谋划策			
实　践	认真完成小组分工，做好观察记录，并能汇报给他人			
成　果	分析自己作品成功与失败的原因，并将自己的作品向其他人展示交流			

注：优秀：★★★　　良好：★★　　仍需努力：★

案例 15 校门交通安全教育活动

昆明市五华区瑞和实验学校科学工作室　刘姝梅　刘　静　李于骁

● 活动名称

校门交通安全教育活动。

● 活动背景

2021年8月，因市政工程需要，瑞和实验学校门口的马路由标准三车道变成了拥挤的两车勉强并排通过的马路。学校门口的人行道不复存在，机动车、非机动车、行人混行。原校门拆除，学校门前的小广场也不复存在，学校门口路况复杂，家长接送孩子没有等候区域，安全隐患较大（图5.81～图5.83）。

图5.81　　　　　　　　图5.82　　　　　　　　图5.83

● 活动对象及人数

① 活动对象：瑞和实验学校三至六年级的学生。

② 活动人数：普通活动三至六年级学生大约1200人；校园交通安全调查小组大约30人，学生自愿报名和科学老师推荐相结合。

● 活动内容

① 组织微班会讨论学校门口的不安全行为。

② 组建5个校园交通安全调查小组，每组6人，总计30人。

③ 实地考察学校门口的交通安全隐患。

④ 采访家长、交通安全劝导员、警察，探索解决交通安全隐患的方法。

⑤ 各研究小组讨论解决方法，论证方法的可行性。

⑥ 小组实践。

● 活动资源

各类科技教育资源（场所、器材、资料），照相机、手机等可以拍照录像的设备，有关交通安全的资料。

● 活动过程（步骤）

① 2021年10月，利用微班会的时间组织各班学生开展以"讨论学校门口存在的安全隐患"为主题的微班会。

② 2021年11月，组建校园交通安全调查小组，每组大约6人，共计5个组。

③ 2021年12月，小组活动，分两次（早晨上学、下午放学）实地考察校门口的交通安全隐患。

④ 2022年3月~4月，小组活动，在老师的指导下制作给家长的调查问卷。

⑤ 2022年5月，小组活动，探索解决校门口交通安全隐患的方法，并在小组成员较多的班级实践。

⑥ 2022年6月，小组撰写实践报告，汇报实践成果。

⑦ 2022年7月、9月，全校推广实践效果较好的方法，共同维护校园门口的交通安全。

● 活动重难点及创新点

1. 活动难点

瑞和实验学校门口的交通安全压力很大，是实际困难，需要多部门联合解决。开展这样的科学实践活动，让学生和家长能为解决这个困难出一份力。

2. 活动重点

提出问题—发现问题—解决问题，反复实践。

3. 活动创新点

在解决问题的过程中，"小手拉大手"，从学生辐射到家长，让学生带动家长，共同维护学校门口的交通安全。

● 活动预期效果与呈现方式

1. 预期效果一

通过此次活动，营造出全校注重交通安全的氛围。学生之间互相监督交通不文明行为，同时影响接送学生的家长，规范他们的停车位置和时长。

呈现方式：学生手抄报、日记等图文资料，形成一套较好的解决问题的方法。

2. 预期效果二

通过此次活动，适当改善上学放学期间校门口的交通拥堵状况。

呈现方式：交通安全观察表。

● 活动评价

活动评价分为三个方面：活动中的态度、活动成果的展示、活动的收获。将以上三个方面设计在个人评价量表（表5.6）中，由组内互评和教师评价两部分组成。

表5.6　个人评价量表

姓　名		班　级	
评价项目	评价子项目	组内互评50%	教师评价50%
活动中的态度 （40分）	喜欢研究该主题（20分）		
活动成果展示 （40分）	图文资料、手抄报、日记（20分）		
	交通安全观察表的数据（20分）		
活动中的收获 （20分）	收获交流分享（20分）		
总　分：			

案例16　寻觅可以吃的天然植物色彩

中国科学院武汉植物园曹承娥工作室　曹承娥

● 活动名称

寻觅可以吃的天然植物色彩。

● 活动背景

大自然中可以染色的植物种类非常多，古人经过长期的探索实践，从不同植物的根、茎、叶、花、果等不同部位提取色素，制作天然染液来进行染色（图5.84），其中有许多药用植物可以作为天然食用色素来给食物染色。如具有浓郁民族特色的五色饭，色彩斑斓的大米便是用这些药用植物染制而成。本活动以清明习俗为契机，结合植物中蕴藏的科学、技术和社会知识，通过探究植物的奥秘，了解植物对生活及文化发展的重要性，从而在启发学生理解植物与人类的关系的同时，弘扬传统文化，增强文化自信。

图5.84

● 活动目标

1. 科学知识目标

了解植物染色的原理，认识不同的染色植物。

2. 科学探究目标

能用多感官观察目标染色植物，并能用语言、图画描述和记录。鼓励学生在观察和体验的过程中提出新想法、新思路，激发学生科学探究的欲望。

3. 科学态度目标

对自然、对科学保持好奇心和探究热情。学会尊重他人，与他人合作、互助，建立友谊。

4. 科学、技术、社会与环境目标

热爱自然，珍爱生命，具有保护环境的意识和社会责任感。同时探索自我，认识自我，建立与植物园和大自然的联系，并能有意识地关注植物及植物园在生态文明建设中的作用和意义。

● 活动对象及人数

6～8岁儿童，单期满员20人。

● 活动时间

4月4日～5月29日的周末及节假日，单期时长3个小时。

● 活动内容

1. 准备工作

活动开始前以图文形式进行安全教育，并将安全注意事项时刻贯穿在活动中。

2. 科普知识学习（图5.85）

植物的根、茎、叶、花、果有不同的颜色，它们是大自然的调色板，赤橙黄绿青蓝紫，每一种色彩都令人动容。众多色彩中，红黄蓝是三原色，黑白是两极色。走进中国科学院武汉植物园本草园探寻染色的植物，了解绿色天然无污染的草木染，初步了解植物结构、色彩以及草木染的方法。

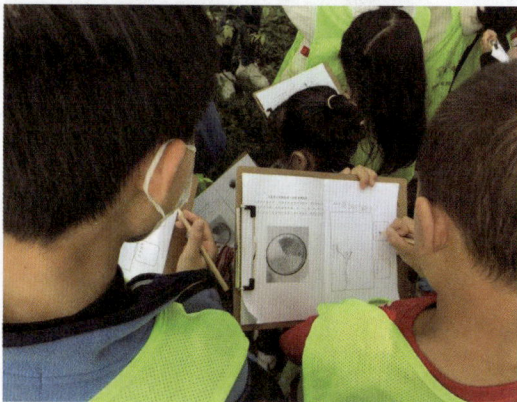

图5.85

3. 自然观察探索

本草园里，欧洲菘蓝的大青叶，摇曳生姿；红花高昂着头，沐浴阳光；栀子果实黄澄澄，还未脱落；密蒙花香气四溢，灿烂无限。课程现场，调动学生的五感进行实地观察和探索（图5.86）。欧洲菘蓝的叶片揉搓的汁液是绿色的，以问题引导学生思考欧洲菘蓝如何染出蓝色。红花开花会经历橙黄色和红色两个阶段，启发学生思考红花能染什么颜色？栀子是哪个部位染色？现场以小实验的方式，让学生体验栀子果染黄色的过程。本草园里还有哪些植物可以染色？学生可以在指定区域的展牌上寻找答案。

图5.86

4. 动手实践体验

清新的黄色、鲜艳的红色、浓郁的蓝色、清凉的绿色搭配纯洁的白色，一起做一份美丽的五色饭，把美食带回家。活动现场用密蒙花、蓝雀花、苏木等植物的花、果、茎等部位煮出不同颜色的染液，将大米浸泡其中，学生自己动手制作一份创意五色饭（图5.87）。

图5.87

5. 总结分享

活动结束后，老师带领学生进行活动内容梳理总结，学生分享活动体验及感想。

● 活动资源

① 活动场所：中国科学院武汉植物园。

② 参考资料：相关书籍和文献。

③ 活动器材：活动手册、电脑、照相机、锅、电磁炉、染色植物、水、大米等。

● 活动评价

① 活动过程中给予学生更多鼓励。

② 成果评价：活动手册记录、创意五色饭制作。

③ 重视学生各方面能力的提高。

④ 教师根据每次参与活动的学生人数、记录、结果等进行总结评价。

⑤ 以问卷或文字的形式收集家长的意见和建议。

案例17

智能时代、智慧梦想——合肥市大店小学科技实践活动

合肥市大店小学　张守功　高　玲　陈　慧

● 活动名称

智能时代、智慧梦想——合肥市大店小学科技实践活动。

● 活动背景

随着时代发展，学校越来越重视青少年科技创新教育，培养青少年对科学技术的兴趣和爱好，增强其创新精神和实践能力，引导他们树立科学思想、科学态度，逐步形成科学的世界观和方法论。

2016年，合肥市大店小学成为合肥市第三批新优质学校创建试点单位，以此为契机，学校把综合楼三楼整层空间改建成创新实验室。在新优质学校创建目标的指引下，按照规划将机器人创客、人工智能纳入课程规划。

2017年，学校引进科技创新教育设备，为学校科技创新教育提供有力保障；数字设计、3D打印等制作技术能够快速成型，也为学生各种科技创意的实现提供了低成本和快捷的手段。

2018年，学校拓宽科技创新渠道，把科技创新普及与教育信息化工作紧密结合起来，积极探索青少年科技教育活动，积极组织师生参加各级各类科技创新竞赛和教育信息化大赛。

2020年，学校被合肥市教育局评为"合肥市第三批义务教育新优质学校"；被安徽省科协、安徽省教育厅等五部门评为"安徽省青少年科学调查体验活动优秀实施学校"；2018年、2019年、2020年、2021年，连续四年被中国科协评为"全国青少年人工智能科普活动特色单位"，为学校科技创新教育活动提供了有力的平台保障。

● 活动目标

① 提高学生的科技素养和创新能力，逐步实现人人懂科学、用科学的目标。

② 激发学生的创新热情，使学生能够以饱满的热情投入到科学探究学习中，在科学探究学习中提升创新能力，开创智慧学习模式，培养创新精神。

③ 使学生树立正确的科学价值观，感受科学技术为人类生活带来的伟大变革，激发青少年热爱科学的兴趣，培养青少年的科学探究精神。

● 活动对象及人数

五年级学生，共计约80人。

● 活动内容

1. 主要内容

① 查阅收集相关科技普及活动资料。

② 设计科技普及调查、科技体验等活动。

③ 确定场地，明确调查任务。

④ 活动总结、评价及活动成果展示。

2. 重难点、创新点

① 重点：培养学生在安全、协作、沟通、创造、思考、解决问题及运用信息技术等方面的能力。

② 难点：学生对相关科学知识的整理和优化等。

③ 创新点：陆续开展"智能时代、智慧梦想"科技实践活动、航空航天科普作品展、班级科技文化角评比、"百年再出发，迈向高水平科技自立自强"——2021年合肥市大店小学全国科普日活动、参观学校机器人创客空间等活动，让科技教育活动普及到每位学生，真正在校园中掀起了一场爱科学、学科学、用科学的科技实践教育活动热潮。

● 活动资源

活动场地：学校、街道、工厂、家庭、机器人创客空间等。

活动资料：有关创意编程、智能设计、人工智能科普体验等资料。

● 活动过程（步骤）

1. 准备阶段

做好本次科技实践活动的宣传工作，召开学生家长动员会，明确本次活动的目标和意义。分小组，明确任务（表5.7）。

2. 科普知识调查、体验科技产品、创新作品制作阶段

设计科普知识调查问卷、评价体系表、科技创新作品设计导学单及调查研究记录单等。

表5.7　活动任务

组　别	人　数	任　务	负责人	完成时间
第1组	8～10人	制定活动方案	小组长	1周
第2组	8～10人	任务清单	小组长	1周
第3组	8～10人	设计调查问卷	小组长	1周
第4组	8～10人	活动宣传报道	小组长	1～3周
第5组	8～10人	科技小制作	小组长	1～4周
第6组	8～10人	科幻画制作	小组长	1～4周
第7组	8～10人	科技角设计	小组长	1～4周
第8组	8～10人	科普活动调查研究记录、总结	小组长	1～4周

3. 总结评价阶段

过程性材料整理，总结性材料整理，活动成果评价。

● 可能出现的问题及解决预案

1. 可能出现的问题

① 学生研究兴趣转移，不能持之以恒。

② 调查问卷内容设置有困难，调查过程中缺少沟通技巧。

③ 活动过程中的安全问题、文明礼仪问题、环保问题等。

2. 解决方案

① 及时表扬鼓励，随时激发学生的科技兴趣，学生遇到挫折时，帮助他们解决困难，树立信心。

② 鼓励学生之间互相沟通一些科学调查方法和技巧，积极从失败中寻找原因，勤于思考，明白生活处处皆学问的道理。

③ 加强组织管理和安全意识的教育工作。

● 活动预期效果与呈现方式

通过这次科技实践活动，进一步提高学生的科技兴趣，培养他们的创新精神和科学探究精神。通过科技小组成员的带动，让更多的学生参与到科技活动中。

● 活动评价

1. 评价方式

过程性评价、激励性评价。

2. 对青少年"益智、养德"等方面的作用

① 通过科技实践活动，学生看到自身的力量，体验到主人翁的感觉，享受成功的乐趣。

② 培养学生克服困难、战胜困难的坚强意志，树立科学理想信念，养成良好的科学态度，并使学生受到团结协作、遵守纪律、文明礼仪等方面的教育。

③ 采用激励性评价，鼓励学生大胆开展实际调查研究，敢于发表自己的见解，全面提高学生的科学文化素养。

● 科技实践活动成果图片

① 航空航天科普作品展（图5.88～图5.90）。

图5.88

图5.89

图5.90

② 班级科技文化角评比（图5.91～图5.93）。

图5.91

图5.92

图5.93

③ "百年再出发，迈向高水平科技自立自强"——2021年合肥市大店小学全国科普日活动（图5.94～图5.97）。

图5.94　　　　　　　　　　　　图5.95

图5.96　　　　　　　　　　　　图5.97

④ 参观学校机器人创客空间（图5.98）。

图5.98

⑤ 成果展示（图5.99）。

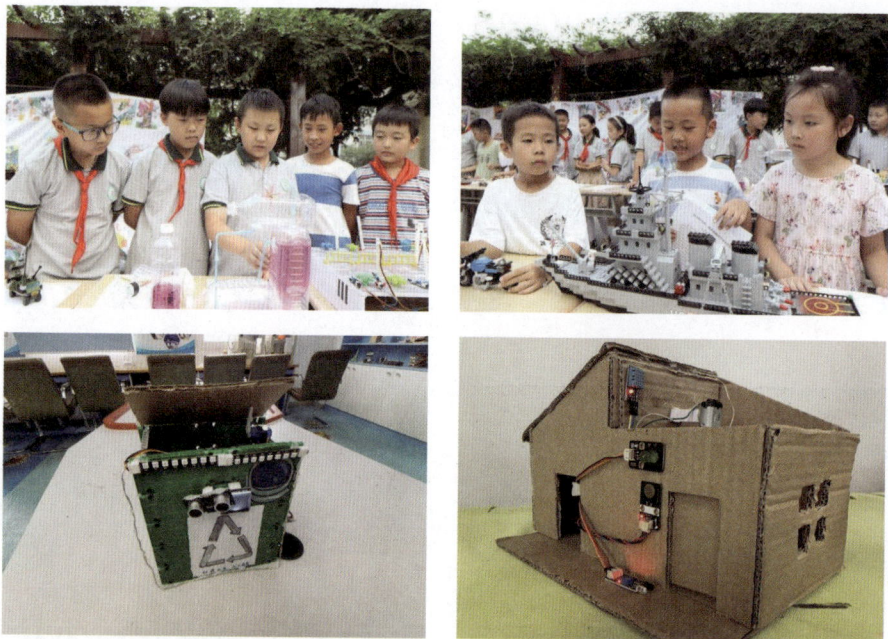

图5.99

案例18　种出百日草"科技"花儿

平度市实验中学科技创新实验室　张雪芹

● 活动名称

种出百日草"科技"花儿。

● 活动背景

贯彻落实教育部《综合实践课程指导纲要》《劳动教育课程标准》、中国教育科学研究院《中国STEM教育白皮书》、国务院《全民科学素质行动规划纲要（2021—2035年）》《中国学生发展核心素养》，因校制宜、因地制宜、因人制宜，创建百日草创意种植生态园，开发《种出百日草"科技"花儿》校本课程。

● 活动目标

1. 知识与技能目标

通过创意种植，融合运用物理、化学、生物、技术、工程、数学、语文、美术等学科知识解决相关实际问题，提升劳动能力和创意实践能力。

2. 过程与方法目标

亲身经历百日草创意种植全过程，学习控制变量法、比较法等科学方法，提升工程思维，掌握劳动技巧。

3. 情感态度与价值观目标

爱科技、爱植物、爱劳动、爱团队。感悟百日草花语，珍惜友谊。提升创新精神、审美感知。学习科学家精神，体验种植的艰辛与快乐。

● 活动对象及人数

科技兴趣社团学生、班主任、科技教师、美术教师，120人。

● 活动时间

2022年4月12日～2022年8月30日。

● 活动内容

种花、护花、赏花、悟花语、创意插花。

● 活动资源

① 活动场所：科技创新生态园。

② 参考资料：互联网百日草花卉种植知识、插花技巧。

③ 活动器材：百日草种子、劳动工具、废旧瓶子等。

● 活动过程

1. 准备阶段

组建团队，制定活动方案，测试学校荒地土壤的酸碱性，查找网络资料，选取喜欢碱性土壤的百日草种子，准备劳动工具，搜集插花要用到的生活废旧物品。

2. 实施阶段

① 开荒翻地（图5.100、图5.101）。

图5.100

图5.101

② 大地为纸、农具为笔，绘出"科技"两个字，种出"科技"之花（图5.102～图5.104）。

图5.102

图5.103

图5.104

③ 浇水、生长（图5.105～图5.107）。

图5.105

图5.106

图5.107

④ 设计标志牌（图5.108）。

图5.108

⑤ 赏花、悟花语。积极向上、步步登高、友谊长青，写活动周记（图5.109、图5.110）。

图5.109

图5.110

⑥ 创意插花。

"飞天"畅想如图5.111～图5.113所示。

图5.111

图5.112

图5.113

创意"北斗"插花如图5.114所示。感恩的"心"如图5.115所示。

图5.114

图5.115

"花篮的花儿香"如图5.116所示。鲜花美，奉献者更美，更多插花作品展示见图5.117～图5.119。

图5.116

图5.117

图5.118

图5.119

3. 总结阶段

整理资料，撰写创意种植研究报告，分享收获。

● 活动预期效果与呈现方式

① 百日草"科技"花儿成为校园科技劳动亮丽风景线。

② 举办劳动展、科技展、媒体宣传、参赛。

● 活动评价表（表5.8）

表5.8　活动评价表

班级 _____　　　　姓名 _____　　　　评价时间 _____

评价标准	学生自评			学生互评			教师评价			小组评价		
	优	良	加油	优	良	加油	优	良	加油	优	良	加油
参与活动的积极性												
团队合作精神												
活动创新性												
活动技能情况												
表达自我见解能力												
查阅资料能力												
劳动成果的丰硕性、实用性、创新性												

案例19 竹，与科技同行——新城小学科技实践活动

安徽省太湖县新城小学新小科创　殷桃玲　王华星　孟凡艳

● 活动名称

竹，与科技同行——新城小学科技实践活动（图5.120）。

图5.120

● 活动背景

安徽省太湖县山清水秀，景色宜人。大别山余脉在这里蜿蜒盘旋，一座座山林把这方小城围成了天然氧吧。其中，竹林占地面积达7200余公顷。省级毛竹科技示范园面积约2000余亩，产出的竹子可用来做筷子、凉席、扫把、凉床等各种手工艺品，既环保又经久耐用。种植竹子不仅给老百姓增加了收入，改善了生活条件，同时还有效节约了资源，对维护生态平衡起到了重要作用。为了让学生多关注身边的环境，了解自己的家乡，增强社会责任感，初步懂得科学发展观，2021年，新城小学成立了以"竹"为主题的科技实践活动小组，开展了一系列丰富而有意义的活动。本次活动以多种实践形式拉近学生与竹的距离，让他们全方位地去了解竹，探究竹。

● 活动对象

新城小学科技实践活动小组。

● 活动时间

2021年7月～2021年10月。

● 活动过程

1. 查阅资料

学生通过上网、查阅书籍、询问身边的人等方法，查找有关竹的资料，对竹有一个初步的了解。

2. 探秘竹园

走进大竹园——安徽省毛竹科技示范园，近距离地去观察竹。邀请林业站的专家，为学生们讲解更多关于竹的知识（图5.121）。

图5.121

3. 寻访篾匠

① 参观采访。走进老篾匠的小作坊（图5.122），实地了解竹器作品，倾听竹器工艺传承和发展的故事。

② 妙竹生花。动手实践，制作传统竹玩具，感受竹工艺品的精致与美好（图5.123）。

图5.122

图5.123

③ 寻找老物件。搜集竹材料的老物件，体验竹在我们的生活中无处不在。

4. 价值无限

① 舌尖上的美味。参观笋干厂，动手制作一道竹笋美食。

② 中医的良药。采访中医，了解竹的药用价值（图5.124、图5.125）。

图5.124

图5.125

5. 未来可期

① 了解竹纤维。实地考察，了解竹纤维是怎样变成竹产品的。动手实验，验证竹纤维的功能和好处（图5.126、图5.127）。

图5.126

图5.127

② 了解竹炭。初步了解竹炭在生活中的应用。

③ 活动思考。了解竹、亲近竹、探秘竹、与竹同行。竹不但是中国传统文化的符号，是东方审美的化身，还是造福人类的"无私奉献者"。作为新时代的接班人，学生要勇于探索，乐于实践，勤于思考，知竹善用，让家乡竹发挥出它最大的价值。

④ 表达喜爱（图5.128～图5.130）。

图5.128

图5.129

图5.130

案例20 关注碳中和，绿色低碳我能行

南宁市星湖小学"星星湖"科学工作室 邓薇薇 谢雪芹

● 活动名称

关注碳中和，绿色低碳我能行。

● 活动背景

2020年9月，在第75届联合国大会上，我国领导人向国际社会做出庄严承诺，中国二氧化碳排放力争于2030年达到峰值，努力争取2060年前实现碳中和。这是一个极富责任感，也极具挑战性的目标。什么是碳达峰、碳中和？大国发声，对人们的日常生活会有什么影响？许多老师、家长、小朋友对此还不了解。于是我们想通过资料查询、专家讲座、动手实践等方式，让学生了解碳达峰、碳中和，知道绿色低碳生活方式，逐步养成与环境和谐相处的生活习惯。

● 活动目标

1. 知识与技能目标

了解什么是碳达峰、碳中和，以及碳中和的意义，了解温室效应及其对人类生存的影响。

2. 过程与方法目标

通过开展"绿色碳中和"中秋节倡议和计算碳足迹等活动，培养学生动手能力、探究能力及解决问题的能力。

3. 情感态度与价值观目标

学生体验参与合作调查的乐趣，认识到自己作为国家的小主人，有着不可推卸的责任，应努力用自己的方式减少二氧化碳排放。

● 活动对象及人数

1～6年级全体学生，2400人。

● 活动时间

2021年9月～2021年11月

● 活动内容（表5.9）

表5.9　"关注碳中和，绿色低碳我能行"活动内容

	内 容	参与人员	活动目的
1. 我的"碳认识"	① 我的"调查问卷"	3～6年级	① 了解什么是碳达峰、碳中和 ② 认识实现碳中和的实践意义、必然性和紧迫性 ③ 通过活动的探究，培养学生可持续发展的观念 ④ 通过计算自己一天的碳足迹，亲身体会我们的衣食住行与温室效应息息相关
	② 发放"践行碳中和"倡议书	1～6年级	
	③ 科技节启动仪式	1～6年级	
	④ 跟着专家去"碳"展	4～6年级	
	⑤ 观看电影	1～6年级	
	⑥ 我的"碳足迹"	3～6年级	
2. 我的"碳主张"之科技争章活动		1～6年级	① 改变自己的一言一行，为人与自然的可持续发展做出贡献 ② 通过"绿色碳中和"倡议，践行低碳生活每一天 ③ 通过活动，认识到人类的任何行为都可能产生碳排放，要最大限度地减少能源消耗，要从自身做起，逐渐养成低碳的生活习惯
3. 我的"低碳行"	① "绿色碳中和"中秋节倡议书	1～6年级	
	② 月饼遥相寄，环保星娃行	1～6年级	
	③ 欢乐中秋节，垃圾来分类	1～6年级	
	④ 绿色迎佳节，传承中秋味	1～6年级	
	⑤ 碳中和月饼，环保同行	1～6年级	
	⑥ 节粮小卫士	1～6年级	
	⑦ 节能减排在身边	1～6年级	
4. 我的"碳引领"	展演、展览、推微宣传	1～6年级	
5. 我的"碳成长"	调查反馈	1～6年级	

● 活动资源

　　① 活动场所：广西科技馆、南宁市国际会展中心。

　　② 参考资料：青少年科学调查体验活动指南。

● 活动过程

1. 准备阶段（2021年9月1日～9月12日）

开展基础调查研究工作，制定活动方案，咨询专家，与老师沟通，为活动开展做准备。

2. 实施阶段（2021年9月15日～10月25日）

1）我的"碳认识"

① 调查问卷。设计调查问卷，利用信息课，让学生填写调查问卷。通过问卷，评估学生对以下内容的了解水平，什么是碳中和、碳达峰，为什么要提出碳达峰、碳中和，什么是温室效应，哪些行为是低碳行为。

② 发放"践行碳中和"倡议书。恰逢中秋节，希望学生能够过一个特别的、绿色的、"碳中和"的中秋节。以此为契机，向学生宣传碳达峰、碳中和的含义。碳达峰指的是碳排放进入平台期后，进入平稳下降阶段。简单地说，也就是让二氧化碳排放量"收支相抵"。碳中和是指企业、团体或个人测算在一定时间内，直接或间接产生的温室气体排放总量，通过植树造林、节能减排等形式，抵消自身产生的二氧化碳排放，实现二氧化碳的"零排放"。

③ 科技节启动仪式。利用晨会时间，面向全体师生，开展"践行碳中和，守护地球村"科技节启动仪式。在启动仪式上，通过"环保时装秀"、科技大篷车进校园、"碳中和、碳达峰金点子游戏"等活动，让学生更直观地感受到温室效应与每个人息息相关，不分年龄、不分种族、不分国界。

④ 跟着专家去"碳"展。为了让学生深入了解碳达峰、碳中和提出的背景和意义，学校邀请广西大学罗应华博士到校开展公益科普活动，作《"碳达峰、碳中和"——地球人的自救之路》主题科普讲座（图5.131），百余名科学兴趣小组成员参加活动。通过专家解读，学生深入了解了什么是碳达峰、碳中和，为什么要提出碳达峰、碳中和，目前我国碳中和实施的现状，以及我们每一个人能够做什么。

图5.131

⑤ 观看电影（图5.132）。为了让同学们对温室效应继续恶化的后果，有更加深入、直观、震感的认识，利用科学课堂组织学生观看科幻电影《后天》。该片主要讲述了温室效应造成地球气候异变，全球即将陷入第二次冰河纪的故事。同学们被影片内容深深触动，深入思考并撰写了心得体会（图5.133）。

图5.132

图5.133

⑥ 我的"碳足迹"。科学来源于生活，碳中和的实现就在每个人的一言一行、一举一动中。为了让同学们认识到自己的衣食住行与温室效应息息相关，在3～6年级开展了家庭碳足迹计算活动（图5.134）。通过计算一个家庭的碳足迹，思考在哪些方面可以改进，减少二氧化碳的排放。

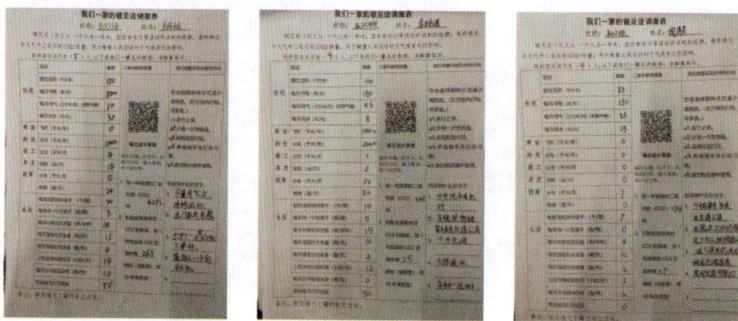

图5.134

2）我的"碳主张"之科技争章活动

在4～6年级开展碳达峰、碳中和"金点子"征集活动，让同学们找到实现碳中和的方向，并为后续的低碳行动做好规划。组织开展"21天低碳行"活动，让学生每天记录自己做了哪些低碳行动，让低碳行动深入人心。为了保持同学们实现碳中和的积极性，提升活动的可持续性，通过科技争章的方式，激发学生思考自己的"碳主张"（图5.135），并持之以恒地落实到一言一行中。

图5.135

3）我的"低碳行"

临近中秋，提倡学生过一个特别的、绿色的、"碳中和"中秋节，共同践行低碳可持续消费，传递独一无二的中秋节日祝福。

① "绿色碳中和"中秋节倡议书。为了推行可持续生活理念，在生活中实践垃圾分类，学校倡议学生在中秋节到来时能做到以下内容：购买月饼和中秋礼品时，尽量挑选精简包装的物品，减少产生垃圾；吃团圆饭、外出赏月时，尽量不使用一次性用品（包括纸碟纸碗、一次性筷子、一次性餐桌布），自带饮水杯，尽量不购买小包装瓶装饮用水和饮料；过节产生的废旧物品尽量能够再利用，如月饼盒可以用来做灯笼、收纳盒；随时做好垃圾分类。

② 月饼遥相寄，环保星娃行。实现碳达峰、碳中和是一项艰巨的系统工程，关系到人民群众的福祉和未来。通过此次活动，让学生"小手拉大手"，向社会各界传递"碳中和"理念，在生活中树立环保意识，养成低碳生活的好习惯。

③ 欢乐中秋节，垃圾来分类。良辰美景共欣赏，花好月圆共团圆。同学们在欣赏皓月、阖家团圆时，不要忘记垃圾分类，在生活中践行"碳中和"。

④ 绿色迎佳节，传承中秋味。同学们用月饼盒、生活中的废弃物制作了精美的花灯（图5.136），装饰校园，传承中秋佳节"玩花灯"的习俗，给校园增添浓浓的节日气氛。

| (a)纸杯花灯 | (b)月饼盒花灯 | (c)养乐多花灯 |

图5.136

⑤ 碳中和月饼，与环保同行。本着低碳的原则，让学生设计"低碳月饼"，月饼包装设计简洁，采用易降解的原材料。通过设计活动，让同学们了解到生活中每一个动作、每一个决定，都可以践行低碳原则，为守护地球做出自己的贡献。

⑥ 节粮小卫士。每年的10月16日是世界粮食日，2021年的主题是"行动造就未来。更好生产、更好营养、更好环境、更好生活"。勤俭节约是中华民族的传统美德，也是我们每个人的责任。为了让孩子们从小养成珍惜粮食、节约粮食的习惯，学校开展了世界粮食日主题教育活动。同学们在课余时间，通过查阅资料，绘制手抄报，认识到粮食来之不易，了解了我国的粮食状况，在生活中自觉从我做起，节约每一粒粮食，杜绝浪费。

⑦ 节能减排在身边。针对学生平时做操、放学时忘记关灯、关风扇等情况，每天都会有值周老师对各班节能减排的情况进行检查、登记和反馈，并与五星班级的评比挂钩。一系列有力措施，让同学们时刻记得随手关灯、关风扇，养成节能减排的好习惯，为实现碳中和贡献自己的微薄力量。

3. 总结阶段（2021年11月）

1）我的"碳引领"

碳达峰、碳中和与每个人息息相关。组织学生参加广西科技馆组织的"童心齐向党"红色公益展演活动（图5.137），身着自己用塑料袋、硬纸壳制作的环保创意服装走秀表演，向观众宣传环保低碳理念。参加青秀区创意生活节，在南宁市国际会展中心向市民介绍学校开展有关碳达峰、碳中和活动的情况（图5.138）。凝聚学校、家庭、社会三方力量，营造低碳生活的社会氛围，以"以小带老"的形式，让学生影响家长，和家长一起关注碳达峰、碳中和，让全社会都动员起来。

图5.137

图5.138

2）我的"碳成长"

活动后期，为了对活动效果有一个客观的评价，随机抽取一部分同学进行问卷调查，了解此次科技实践活动对学生知识、探究、行动上的改变。这些真实客观的评价，为今后开展活动提供了有价值的参考。

● 活动预期效果与呈现方式

① 组织学生利用生活中的废弃物制作灯笼，在中秋节来临之际装扮校园，通过学校的微信公众号等新媒体宣传方式，扩大活动的影响力。

② 科学老师利用科学课的时间调动学生参与活动的积极性，让学生感受到活动不仅有趣而且有收获。科技争章与先进班级评比挂钩，促使活动持续有效地开展。

③ 学生以小组形式开展"碳足迹"等调查体验活动，提升学生的科学探究能力和问题处理能力，得到家长的大力支持和配合，家长和孩子一起探究问题。

● **活动评价**

① 特色评价。将活动纳入学校"红领巾爱科学"争章系统，激励学生积极参加科学活动，努力争夺科技章。

② 过程性评价。学生在系列活动中的"碳主张"、践行"碳中和"的各项记录，包括心得体会、作品、安排表等。

③ 总体性评价（表5.10）。

表5.10　总结性评价

评价项目	评价内容	自我评价	同学评价	教师评价
活动态度	活动感兴趣、积极参与			
组织合作	完成小组分工任务			
创新发现	善于发现问题，能提出创新建议			
活动成果	能恰当地运用文字、图片表述活动过程			
活动效果	能初步养成低碳生活习惯			

2022年"云上工作室"系列活动——100家最具特色工作室名单

辽宁省沈抚育才实验学校科技创新工作室

江苏省常州市北郊高级中学创客工作室

广西壮族自治区科技馆青少年科学工作室

江苏省大丰实验初中创客工作室

广东省阳江市科技馆青少年科学工作室

新疆维吾尔自治区吐鲁番市鄯善县中心小学青少年科学工作室

福建省福清市宏路街道景江社区青少年科学工作室

安徽省铜陵市映湖小学青少年科学工作室

河北省衡水市创客365青少年科学工作室

安徽省巢湖七中碧桂园分校人工智能工作室

广西壮族自治区防城港市第五中学青少年科学工作室

内蒙古自治区呼伦贝尔市扎赉诺尔区儿童科技馆青少年科学工作室

安徽省阜阳市太和县旧县镇中心小学青少年科学工作室

云南省云大附中青少年科学工作室

安徽省池州市贵池区城关小学青少年科学工作室

江苏省宿迁市沭阳县刘集中心小学青少年科学工作室

江苏省盐城市毓龙路实验学校青少年科学工作室

辽宁省本溪市南芬区实验小学青少年科学工作室

广西壮族自治区柳州市文韬小学青少年科学工作室

广西壮族自治区南宁市科技馆青少年科学工作室

广西壮族自治区防城港市豪丫小学青少年科学工作室

广西壮族自治区钦州十三中航天航空模型社

广西壮族自治区白石湖梦飞扬工作室

安徽省淮北市濉溪县青少年科学小创客工作室

山东省胶州市北关育才小学青少年科学工作室

安徽省泾县城关二小科创筑梦工作室

安徽省阜阳市颍上县关屯中心学校青少年科学工作室

广西壮族自治区贺州市钟山县珊瑚镇中心小学青少年科学工作室

安徽省阜南县田集镇孙寨小学青少年科学工作室

广西壮族自治区南宁市明天学校科学工作室

云南省北浦科创筑梦工作室

甘肃省学海科技创新工作室

河北省育红小学创客空间

山东省海洋科学与研究课程开发与实施工作室

安徽省合肥市瑶海区大兴镇第五十五中学青少年科学工作室

河南省信阳市平桥区青少年科学工作室

江西省科学技术馆青少年科学工作室

天津市东丽科技馆青少年科学工作室

安徽省解放西路小学云上工作室

青海省科学技术馆青少年科学工作室

云南省昆明市五华区瑞和实验学校青少年科学工作室

重庆市巴川中学校青少年科学工作室

广西壮族自治区钦州市第十九小学科普劳动实践基地

内蒙古包头市呼和浩特铁路局包头职工子弟实验小学青少年科学工作室

山东省日照亮新区中学科学工作室

辽宁省本溪市迎宾小学智创科技社团

广西壮族自治区宜州区三中青少年科学工作室

安徽省滁州市科学技术馆青少年科学工作室

广西壮族自治区阳朔县实验小学青少年科学工作室

河南省焦作市科技馆青少年科学工作室

江苏省银川路实验小学青少年科学工作室

广西壮族自治区玉林市玉东新区玉东小学创享空间工作室

广西壮族自治区钦州市小海豚科学社

内蒙古自治区阿拉善盟科学技术馆

甘肃省通渭县第三中学明奎工作室

重庆市万盛经济技术开发区溱州中学青少年科学工作室

安徽省滁州市紫薇小学青少年科学工作室

河南省新乡市青少年儿童活动中心青少年科学工作室

内蒙古巴彦淖尔市乌拉特中旗一中青少年科学工作室

安徽省北浴学校云上科普工作室

安徽省芜湖市湾沚区湾沚镇赵桥小学青少年科学工作室

北京市昌平第二实验小学My Own Creation青少年科学工作室

河南省驻马店市科协青少年科学工作室

宁夏回族自治区科技馆青少年科技体验中心

安徽省合肥市幸福路小学青少年科学工作室

福建省厦门市江村社区青少年科学工作室

广西壮族自治区防城港市桃源小学科普室

辽宁省辽宁市辽阳县河栏镇九年一贯制学校青少年科学工作室

辽宁省凌源市第二高级中学机器人工作室

安徽省淮北市第一实验小学青少年科学工作室

河南省洛阳市东方第三小学"乐创"人工智能科创工作室

广西壮族自治区柳州铁一中科技工作室

宁夏回族自治区平罗中学科学工作室

甘肃省庆阳市华池县柔远初级中学青少年科学工作室

广西壮族自治区桂林市大河初级中学青少年科技活动室

安徽省铜陵市田家炳小学青少年科学工作室

安徽省滁州市湖心路小学青少年科学工作室

广西壮族自治区贺州市平桂区黄田镇中心小学

江苏省常州市武进区湖塘实验中学青少年科学工作室

浙江省嘉兴市嘉善县吴镇教育集团泗洲小学青少年科学工作室

安徽省天长市城南小学教育集团云上工作室

河南省信阳市平桥区第一小学科学工作室

安徽省宿松县破凉镇中心小学青少年科学工作室

新疆生产建设兵团第十一师第四中学青少年科学工作室

福建省平和县青少年科学工作室

安徽省阜阳市东城小学创客工作室

山东省沧口学校青少年科学工作室

河北省邢台市第二十五中学青少年科学工作室

广西壮族自治区钦州市第三十三小学科创室

安徽省宿松县许岭镇中心小学青少年科学工作室

安徽省凤阳县工人子弟小学青少年科学工作室

山东省平度市实验中学科技创新实验室

江西省宣小乡村小学创客教育工作室

安徽省宿州九中小学科技创新实验室

安徽省马鞍山市新都小学青少年科学工作室

河北省迁西县第三实验小学青少年科学工作室

广西壮族自治区贺州市平桂区鹅塘镇栗木小学科学工作室

内蒙古自治区包头市东河区青少年科技普及发展中心青少年科学工作室

内蒙古自治区阿拉善盟科学技术馆青少年科学工作室

山东省青岛市平度市田庄镇张舍小学青少年科学工作室